나는 외식창업에
적합한 사람인가?

창업 전
반드시 자신에게
던져야 할 질문

나는 외식창업에 적합한 사람인가?

김상진 지음

예미

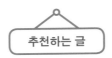

추천하는 글

(주)동산그룹 회장 김천호

30여 년간 외식업을 경영해 오면서 외식업계에 종사하는 수많은 개인 및 회사의 흥망과 부침을 곁에서 보아 왔다. 이 책의 추천사를 쓰고 있는 지금도, 현재 각자의 처한 문제의 해법을 구하는 솔루션 과정에서 존폐의 갈림길을 놓고 고민하는 사람들이 있을 것이다. 좀 더 깊숙이 들어가 보면 생각지도 못한 내부 문제가 있음을 알게 되어 안타깝게도 대개 해법은 결국 스스로 문제점을 찾아 어려움을 극복하는 수밖에 없다는 것이 이 업계의 현실이다.

열에 일곱은 실패하고, 둘은 현상 유지하고, 한 사람만 성공할 수 있다는 외식업계의 냉혹한 현실을 들어 알면서도 굳이 자영업의 길로 나서서 모험과 위험을 자처하는 오늘의 딱한 현실에 경종을 주고 자신을 직시하라는 간절한 마음에서 책을 썼다는 저자의 말에 필자는 강한 인상을 받았다.

누구보다도 성실하고 의욕적이었던 저자의 치열함을 잘 알고 있다. 그는 한양대학교에서 경영학을 전공하였으며, 재벌기업 중

유일하게 외식사업으로 재계에 입지를 굳힌 롯데그룹에서 신입사원부터 상무라는 직책에 오를 때까지 다양한 부문의 현장에서 한 걸음씩 체계적인 경험과 훈련을 거치며 전략적인 마케팅부문을 총괄한 탄탄한 내공을 가진 사람이다. 그 생생한 체험들은 프랜차이즈 업종의 ㈜리치푸드의 전무이자 대리경영인으로서, 그리고 우리가 운영하는 몇몇 업체와 그 매장들을 두루 거치면서 빛을 발했다. 이처럼 폭넓게 체득한 이론과 실전을 바탕으로 저자가 집필한 이 책은 이 분야의 관련 서적으로 더없는 필독서가 되어 성공한 자영업자를 꿈꾸는 분들의 길잡이로서 손색이 없을 것이다.

특히 현재의 위치에서 가장 많은 갈등을 겪으며 새로운 인생을 꿈꾸는 40~50대의 직장인들이 생각하기 쉬운 접근법인 '먹는 장사'에 대한 냉철한 자기분석과 함께 철저한 준비로 성공한 자영업자가 될 수 있는 길 또한 제시하고 있다. 이 책은 미래를 불행한 자영업자가 아닌 성공한 자영업자로 살려면 어떻게 해야 하는지에 대한 예언서와 같다고 말하고 싶다. 평소 유머 넘치는 저자는 "외식 창업 섣불리 하지 말라"는 역발상의 주제를 제시함으로써 역설적으로 창업을 시작하려는 이들에게 강한 격려와 응원을 보내고 있음을 믿어 의심치 않는다.

끝으로 이 책이 외식사업에 처음으로 도전하는 사람들과 진로를 고민하는 많은 이들에게 실제적인 경영 지침서로서 큰 용기와 해법을 주는 가이드북으로 널리 회자되기를 기원한다.

미트마케터, 건국대학교 식품유통경제학과 겸임교수 **김태경**

같은 하늘 아래 살고 매일매일 식당을 이용하고 있지만 외식업의 세계는 일반인이 만나는 세상과는 완전히 다른 세상이다. 기업, 조직 생활을 하다 식당 사장 노동자가 된다는 건 이상한 나라의 삐삐가 된 기분일 거다.

늦은 나이에 외식기업으로 전출 와서 적응 못 할 줄 알았는데 현장실습부터 임원까지 최고의 외식기업을 다닌 작가는 새로운 시각으로 외식업을 정리해 준다. 기승전 치킨식당인 여러분의 미래에 뼈가 되고 살이 되는 실전 지침서가 될 거다.

제발 이 책을 읽고 식당 하지 마시길 바란다. 죽고 싶지 않으면~

연합뉴스 보건복지 전문기자 **서한기**

5060세대의 고민이 깊습니다. 베이비붐 세대이기에 등 떠밀리다시피 차례로 은퇴 대열에 속속 합류하고 있지만 제대로 노후를 준비하지 못했기 때문입니다. 그래서 2030세대가 질 좋은 일자리를 찾지 못해 힘겨워하는 것 못잖게 5060세대는 곧 닥칠 퇴직 후 노후소득 빈곤 걱정에 밤잠을 설치기 일쑤입니다. 불면증에다 우울증까지 겹쳐 정신적·육체적으로 고통받는 이들이 많습니다.

실제로 우리나라 50대 이상 중고령층의 경제적 홀로서기 수준은 아주 낮습니다. 국민연금공단 산하 국민연금연구원이 2021년에 중고령자의 경제생활과 노후준비 실태를 조사한 결과가 이런 사실을 잘 보여 줍니다. 국가나 사회단체 등 타인의 도움을 받지 않고 생활할 수 있는 독립적인 경제력을 가졌다고 생각하는 50대 이상 중고령자는 54.7%로 절반을 조금 넘었습니다. 10명 중 4.5명 꼴인 45.3%는 혼자서 가계를 꾸릴 정도의 고정적이고 안정적인 수입원을 확보하고 있지 않다고 스스로 여겼습니다.

노후시기에 아직 접어들지 않은 중고령자의 59.9%는 여태껏 노후준비를 하지 않는 것으로 나타나 실제 노후시기가 닥치면 경제적으로 곤란한 상황에 부닥칠 가능성이 컸습니다. 노후시기에 접어든 중고령자들의 상황은 더 암울했습니다. 4명 중 1명^{25.6%}은 아무런 소득원이 없어 정부에서 주는 기초연금으로 겨우 노후 생활비를 충당하고 있었습니다. 15.2%는 국민연금에 기대어 근근이 노후생활을 유지하고 있었습니다.

하지만 2025년이면 노령인구 비중이 20%를 넘는 초고령 사회를 맞아 재정 불안정과 낮은 급여 수준, 넓은 사각지대에 직면해 있는 기초연금이나 국민연금 등 공적연금만으론 노후를 대비하기 힘든 게 현실입니다. 2023년 6월 현재 기초연금의 기준연금액은 월 32만3,180원에 그칩니다. 국민연금도 월평균 수령액이 고작 61만9,406원에 불과할 정도로 적습니다. 이런 금액은 2022년 기준으로 50대 이상의 중고령층이 생각하는 최소 생활비^{부부 월 198만7,000원, 개인}

월 124만 3,000원에조차 못 미치는 초라한 수준입니다. 그렇다고 사적연금에 넣을 만큼 여윳돈이 없기에 사적연금에 기댈 수도 없는 노릇입니다.

그럼 어떻게 해야 할까요? 뾰족한 대안이 없기에 답답하기 이를 데 없습니다. 진퇴양난의 처지에 놓인 5060세대가 선택의 여지가 없어 어떻게든 살아 보려고 쉽게 덜컥 손에 잡는 게 아마도 외식창업일 터입니다. 하지만 무턱대고 시작했다가 문을 닫는 게 부지기수입니다.

이 책은 궁지에 몰려 어쩔 수 없이 외식업에 뛰어드는 이들을 위한 친절한 창업 안내서입니다. 외식업에 종사하며 쌓은 저자의 30년 경험과 노하우가 생생하게 녹아 있어 이 책이 제시하는 길을 따라가면 성공은 100% 보장해 주지는 않지만 적어도 실패의 가능성은 확 줄일 수 있을 것으로 기대됩니다. 특히 성공 사례뿐 아니라 실패 사례를 통해 반면교사의 교훈을 얻을 수 있어 유익합니다.

"빨리 오픈하는 것보다 어떻게 하면 생존할 수 있느냐를 고민하는 것이 더 중요하다."

"중요한 것은 소일거리로서 사회봉사한다는 철학으로 임해야 70세까지 일할 수 있다는 것이다. 물론 진정성과 절박한 심정으로 해야 되겠지만 정신만이라도 여유 있게 하지 않으면 스트레스 때문에 건강을 잃기 십상이다."

"창업자들 90% 이상이 창업 세미나 같은 교육도 받지 않고, 외식창업 전문가와 상담도 하지 않고, 그리고 책을 사서 공부도 안하고, 주위의 '~카더라'만 듣고 자기 뜻대로 하는데 그들 대부분은 사업에 실패한다. 눈에 콩깍지가 씌어 보이지도 않고, 들리지도 않기 때문이다. 그러므로 반드시 가족의 다양한 의견 수렴과 동의가 절대적으로 필요하다."

이 책에 적혀 있는 이런 금과옥조 같은 조언은 노후에 연금 가지고 살기 어려운 세상에서 소확행小確幸, 일상에서 느낄 수 있는 작지만 확실하게 실현할 수 있는 행복 창업으로 인생 2막을 여는 데 좋은 길라잡이가 될 것으로 확신합니다.

경희대학교 경영대학원 스타트업 MBA 주임교수 이상규

우리나라는 세계에서 가장 창업을 많이 하는 나라다. 퇴직을 앞둔 월급쟁이부터, 직장을 구하지 못해 차라리 장사나 해볼까 하는 젊은 친구들, 그리고 경력단절의 주부 등 다양한 계층의 사람들이 자영업 창업을 꿈꾸며 멋진 미래를 상상하고 있다.

그러나 철저한 준비 없이 시작한 현실은 일확천금을 노리는 도박과 같아 대부분 실패한다. 그런 측면에서 이 책은 1) 자신이 처한 상황을 냉철하게 분석하고 판단하여 미흡한 부분을 보완한 뒤에 여유를 가지고 창업하라고 충고하고, 2) 자신이 제일 잘할 수 있는 업종을 선택하여 가족의 동의를 받아 자신감을 가지고 진행한다면 성공할 수밖에 없다는 방향성을 제시한다.

특히 먹거리 프랜차이즈 창업에 필요한 노하우가 농축되어 있어 외식업에 관심이 많은 샐러리맨들에게 추천하고 싶은 책이다.

롯데벤처스(주) 대표이사 **전영민**

월급노예에서 해방되어 내 일을 내가 한다는 매력? 그게 아니더라도 100세 시대엔 한 번쯤은 창업을 고민해야 한다.

지금껏 창업자들을 무수히 만났지만 상당수는 창업이 아닌 개업이었다. 나만의 독특한 뭔가가 없으면 창업이 아니라 개업에 불과하고 결과는 성공에서 당연히 멀다. 오랜 세월 롯데에서 식품과 창업을 경험한 저자의 혜안이 창업을 꿈꾸는 우리 모두에게 귀한 지침이 될 걸로 기대한다.

(주)에스비에스엠앤씨 대표이사 **정해선**

국내 외식업 현황이 67명당 점포편의점 포함 1개라는 사실이 충격이다. 그만큼 진입장벽이 낮다는 의미이다. 이 책은 오랜 세월 현업에서의 다양한 현장경험을 통해 축적한 귀한 실전 정보와 노하우를 담은 보고의 도서로서 외식업에 관심이 많은 월급쟁이 친구나 친척 그리고 선후배에게 추천하고 싶다. 특히 '외식창업 셀프 진단툴'을 통해 예비 창업자들의 현주소를 스스로 평가하고, 미흡한 부분을 일깨워 주는 저자의 마음에 감사함을 느낀다.

롯데GRS(주) 대표이사 차우철

우리나라에서 가장 많은 창업이 이루어지는 분야는 외식업이다. 하지만 불행하게도 가장 많이 망하는 업종 역시 외식업이다. 누구나 마음만 먹으면 쉽게 창업할 수 있는 환경이고, 다른 창업 아이템에 비해 특별한 노하우 없이도 가능하다고 생각하기 때문이다. 그런 측면에서 이 책은 다양한 사례들을 통해 외식업계의 어려운 현실을 보여 주며, 수많은 경쟁자 속에서 생존하기 위한 노하우가 담겨 있다. 특히 스스로 자신에게 "외식업이 적합한지?" 질문을 던져 보라는 게 가슴에 와닿는다.

세계 속의 K-Food는 이미 트렌드이고, 성공의 심볼이 되고 있는 상황에서 외식업의 실전 창업에서 성공하기 위한 저자의 노하우가 담긴 책이 나와 외식업에 많은 관심을 가진 젊은 후배들에게 추천하고 싶다.

테이블매니저(주) 대표이사 **최훈민**

레스토랑 예약관리 소프트웨어 회사인 '테이블매니저'를 창업한 이유 때문에, 지난 10년간 적지 않은 레스토랑 사장님과 임직원분을 만났다. 초반에는 내가 하면 잘할 것 같다는 생각도 들었지만, 그 생각이 바뀌는 데는 오래 걸리지 않았다. 사장님들의 삶을 필터 없이 마주하며 10년을 보내 보니, '내가 하면 잘할 것 같다'는 철없던 생각이 '정말 어려운 일'이라는 생각으로 바뀌었다.

많은 외식업 관계자를 알고, 만나 보았다는 이유로 주변의 지인들이 본인의 외식창업 문제를 상의하거나, 조언을 요청하는 경우가 종종 있다. 항상 나의 대답은 이 책의 경고처럼 '하지 말라'는 것이었다. 그 이유는 현실을 알지 못해 고생하시는 분들을 많이 보아 왔고, 내가 현실을 알려 준다고 그만두실 분들이라면 애당초 창업을 안 하는 게 좋을 것이라는 판단 때문이었다.

수많은 권유가 넘치는 세상에서 '절대로 하지 말라'는 저자의 진심을 꼭 읽어 보시길 추천한다. 이 책이 도전의 시작이 될지, 끝이 될지는 모르지만, 어떠한 결정이든 든든한 조언자가 되어 줄 것이라고 믿는다.

목 차

Chapter

1   외식창업 절대로 하지 마라

Chapter

5 창업 전후 전문가 당부 사항

외식업계는 코로나 팬데믹으로 3년간 고통을 받더니 이제는 불경기와 은행 대출 고금리로 다시 한번 더 큰 아픔을 겪고 있다. 코로나19 이후 다섯 차례의 만기연장과 상환유예 조치에도 여전히 많은 이들이 빚에 허덕이고 있는 실정이다. 이 긴 터널이 언제 끝날지 아무도 모르지만, 최선을 다하는 것 이외는 방법이 없다는 것이 너무 안타깝다. 아마 영원히 코로나 이전 상태로 돌아갈 수 없을지도 모른다. 그래서 더 속상하고, 환장하겠다.

외식창업을 꿈꾸는 이들의 심정은 저마다 모두 다를 것이다. 그래도 공통점을 찾는다면 지속 가능한 수익 창출로 행복한 가정을 유지하고자 하는 소박한 꿈일 것이다. 하지만 시간이 흘러갈수록 그 꿈에서 멀어지는 경우가 대부분이라 가능한 한 현재의 직장에서 오래오래 일하라는 말을 하게 된다.

요즘 창업하는 이들을 보면 크게 두 가지 경우로 볼 수 있다. 첫 번째는 좋은 직장을 구하기 어렵거나, 설령 직장생활을 하더라도 선배들을 보니 경제적으로 독립이 불가능하여 차라리 젊었을 때부터 고생하여 돈을 벌어 보겠다는 긍정적인 창업의 경우이다. 두 번째는 조직에서 나이 때문에 물러나야 하거나, 아니면 어떤 사정으로 그만둬야 할 경우 창업 말고는 다른 대안이 없어 싫어도 창업을 통해 가족을 먹여 살려야 하는 경우이다. 특히 두 번째 경우는 그만큼 절박한 상황에서 어렵게 모은 돈을 가지고 시작하기 때문에 가능한 한 시행착오를 겪지 않아야 한다. 잘못되면 가정에 심각한 타격을 주거나 사회문제가 될 수 있기 때문이다.

30년간 식품/외식업에 근무하면서 느낀 점은 본업에 인사이트가 없는 리더의 의사결정이 대부분 조직을 어렵게 만들거나 사업을 철수하게 한다는 것이다. 특히 현장도 가 보지 않고, 본업에 대한 이해도가 떨어지는 가신들 의견에 치중하다 보니 결과가 좋을 수가 없다. 창업도 마찬가지다. 대부분 가장들이 자신의 의지대로 추진하는 경우가 많은데 이러면 100% 망한다. 가장의 잘못된 판단으로 하루아침에 가정이 파괴되거나 무너진다면 어찌 되겠는가?

그러므로 최소 1년 정도 창업 준비를 통해 성공 확률을 높여야 한다. 그리고 반드시 가족과 함께 상의하며 리스크를 최소화해야 한다. 요즘 주변에 찾아보면 창업 관련 세미나와 지자체 무료 교육들도 많다. 꼭 참가해서 물어보고 도움을 받았으면 좋겠다.

아무튼 그럼에도 창업을 해야 한다면, 다음 세 가지 허들을 꼭 고려했으면 한다.

첫 번째 허들은, 창업할 때 감수해야 하는 것들이 많은데 과연 참고 노력할 수 있는지 여부이다. 한 가정의 가장 혼자 또는 가족들과 함께 처음부터 끝까지 어려움을 감수해야 한다는 것이다. 투자비도 만들어야 하고, 초기에는 직장생활을 할 때 받았던 월급보다 수익이 적을 수 있기 때문에 생활고를 겪게 될지도 모른다. 그리고 인간다운 여유로운 생활은 꿈도 못 꾸며, 고객 컴플레인 때문에 정신적·육체적으로 피폐해질 수도 있다. 창업은 보통 생각하는 것보다 극복해야 할 일들이 훨씬 더 많기 때문에 자신의 시간을 온전히 갈아 넣어도 쉽지 않다. 그러므로 이런 어려움을 극복할 수 있다는 자신이 있어야 도전해 볼 만하다.

두 번째 허들은 이 책에 수록된 '우리 가족 외식창업 셀프 진단 툴'의 평가결과이다. 오랫동안 외식업에 근무하면서 창업에 성공하기 위한 조건들을 고민해 만든 평가도구이다. 예비 창업자들이 최소한 자신들이 처해 있는 상황을 객관적으로 냉정하게 평가해 보고, 미흡한 부분은 충분한 시간을 가지고 보완했으면 하는 바람이다. 아마 외식업계 최초의 진단툴일 것이다. 물론 앞으로 더 개선하고 보완해서 스탠더드 모델로 만들 것이다.

각 항목별로 냉철하게 체크해 80점 미만이면 창업을 포기하라. 이유는 성공 확률이 낮기 때문이다. 외식업은 고객과 직원, 거래처와의 인간관계로 시작한다. 그러므로 사람을 대하는 데 있어 불편하거나 즐겁지 못하면 근본적으로 창업하면 안 된다. 그리고 충분한 자금이 필요한데, 50% 이상 되는 많은 대출을 통해 진행하다 보면 운영자금 부족으로 인해 힘들게 시작한 사업을 하루아침에 문닫는 경우도 생긴다. 그래서 평가결과가 미흡하다면, 반드시 시간을 가지고 보완한 후에 창업에 도전해야 한다. 그래야 성공 확률을 높일 수 있다. 굳이 서두를 필요가 없다.

세 번째 허들은, 창업 시 주의사항을 체크해서 진행하되 '초심을 절대 잊어서는 안 된다'는 것이다. 비용이 내가 생각한 수익보다 많으면 사업을 유지하기 힘들고, 반대로 비용보다 수익을 더 많이 창출하기 위해 기본을 지키지 않아도 곧 망하게 된다. 이유는 고객의 등 돌림과 경쟁업체의 끝없는 도전 때문이다.

이 책은 직장생활을 하고 있는 40~50대 샐러리맨들이 반드시 읽어 봐야 할 내용이다. 이들은 다양한 이유로 창업을 한 번씩 고민해 보았을 것이기 때문이다. 그들의 절박한 상황을 알기에 조금이나마 도움이 되었으면 하는 목적에서 이 책을 준비하게 되었다. 특히 외식창업에 관심이 많은 분들은 주목하기 바란다.

외식창업을 꿈꾸고 있다면 시중에 나와 있는 창업 관련 서적을 최소한 다섯 권 이상 읽고 또 읽어 보고, 최소 1년간 공부하고 준비해야 한다. 또 그 업종에서 아르바이트를 해본다면 성공에 더욱 가까워질 수 있다. 더불어 위의 세 가지 허들을 극복할 수 있는지 자신을 돌아보길. 그런 후에 창업에 도전해야 실패하지 않을 수 있다.

2023년 10월
지은이 **김상진**

Chapter 1

외식창업
절대로 하지 마라

당신이 꿈꾸는 인생 2막

수명은 길어지고 조직에서는 빨리 쫓겨 나가다 보니 먹고사는 문제와 죽기 전까지 남는 시간이 고민이다. 돈 있는 사람은 먹는 것보다는 여유 있는 시간이 더 문제가 되고, 돈 없는 사람은 먹고사는 것이 더 문제가 된다.

먹고사는 것과 남는 시간을 어찌 보내야 하는지를 두고 고민하다 보면 인생 2막을 창업으로 연결 짓는 경우가 많다. 그러나 성공하는 사람들이 얼마나 될까?

외식업에서 일한 사람으로서 외식창업은 말리고 싶다. 이유야 어찌 되었건 육체적·정신적으로 힘들고, 대박 나기가 불가능하기 때문이다.

"먹는 장사, 인구 67명당 한 곳꼴 영업"

한국농수산식품유통공사 식품산업통계정보시스템 자료^{2022년 기}준에 따르면 한식음식점, 커피/음료점, 치킨점, 주점, 분식점, 서양음식점, 중국음식점, 패스트푸드점 등이 총 70만9,000개이다. 여기에다 편의점 점포 수 5만2,000개를 포함하면 총 76만1,000점이다. 그러면 '인구 67명당 1개 점포' 구조인데 과연 한 점포가 돈을 많이 벌어 갈 수 있겠는가?

그만큼 누구나 쉽게 접근할 수 있는 사업 분야이기 때문에 경쟁도 치열하고, 성공하기 어렵다는 것을 의미한다. 누가 나에게 묻는다면, 외식창업은 절대 하지 말라고 뜯어 말리고 싶은 심정이다.

"대박은커녕 유지도 힘든 외식창업"

대부분 창업할 때 너무 준비 없이 하는 경향이 있다. 피 같은 돈을 투자하여 남은 인생을 먹고살려고 한다면 최소한 1년 정도는 공부하고 뛰어들었으면 좋겠다. 주위에서 '~카더라'라는 말만 믿고 의사결정하는 사람들이 많은데, 그런 이들은 대부분 100% 실패한다. 참으로 안타깝다. 창업하고자 하는 동일 브랜드의 다른 점포들을 방문해서 알아보거나, 홈페이지에 들어가 브랜드에 대한 정보를 파악해 보면 금방 알 수 있는데도 안 하는 경우가 대부분이다.

　　그리고 이제는 <u>고수익이 보장되는 창업은 없다</u>. 과거 자기가 받았던 월급보다 더 많은 수익을 챙기면 그게 바로 대박인 것이다. 외식업에서 대박 성공 가능성은 10% 미만이며, 창업 후 같은 자리에서 3년 이상 운영하기도 어렵다.

　　그 이유로는, 첫째, 시작할 때 정신상태를 들 수 있다. 취직이 안 돼 창업하거나, 특별히 할 것이 없어 장사라도 해보자는 마인드라면 유지가 힘들다. 사업이 안정적으로 세팅될 때까지는 목숨 걸고 해야 하는데, 하다가 힘들면 다른 것을 해볼까 하는 마음가짐으로는 어렵다는 것이다. 그리고 둘째는, 점포 오픈에 모든 돈을 다 투자하다 보니 막상 장사가 안 되면 운영자금 부족으로 일찍 폐업하게 되거나, 셋째, 잘된다는 소문이 나면 유사한 경쟁 브랜드들이 너도나도 뛰어들어 매출을 빼앗아 가거나, 넷째, 건물주가 임대료를 올려 받아 채산성 악화에 내몰리기 때문이다. 결국 시장 자체가 나눠 먹기식으로 돌아간다.

　　그래서 가능하면 외식창업은 하지 말라고 권하고 싶은 것이다.
<u>왜?</u>
고생해서 몸은 병드는데, 프랜차이즈 가맹본부와 건물주만 좋은 일 시키기 때문이다. 건물주는 임대료 올려 받아 좋은 차로 바

꾸거나 해외여행도 더 자주 가고, 가맹본부는 임직원들 연봉 올려 주고 인센티브도 챙겨 주는데, 가맹점주에게는 아무것도 없다.

그래도 최근에는 가맹본부와 가맹점이 상생관계라고 생각하고 적극적인 지원을 통해 브랜드의 경쟁력을 키우는 곳이 많아지고 있어 다행이다.

"내가 창업을 말리는 이유"

내가 창업을 온몸으로 막는 이유는,

첫째, 많은 투자비가 필요하며, 보통 사람은 그런 큰돈이 없기 때문이다.

자금이 있다면 차라리 금융회사에 맡기고, 직장에서 나가라고 할 때까지 더 열심히 직장생활을 하는 것이 낫다고 본다.

둘째, 막상 창업을 하더라도 수익이 적다는 것이 문제다.

직장생활보다 더 열심히 노력해도 월급 받던 시절보다 못한 경우가 대부분이다. 인건비, 재료비, 임차료, 대출이자 등을 제외하면 내 손에 떨어지는 수익은 몸과 마음이 겪은 고생에 비해 턱없이 부족하다고 느끼기 때문이다. 직장생활은 몸뚱이 하나만 있으면 가능했지만, 창업은 '몸 + 돈투자비 + 더 많은 노력'이 필요하다.

셋째, 인간다운 생활은 포기해야 한다.

직장 다닐 때에는 주말이나 공휴일이 있었지만 내 사업에는 그런 게 없다. 이유는 단순하다. 돈을 더 벌어야 하기 때문이다. 영업을 하루 쉬면 하루만큼 매출이 사라지고 임차료만 발생하기 때문에 피곤해도 문을 열어야 한다. 직원 한 명을 더 채용하면 인건비가 그만큼 더 들어가고, 내가 몸으로 때우면 그만큼은 수익이 생기기 때문에 무리해서라도 내가 더 일을 하게 된다. 그러다 보니 집과 점포밖에 모른다. 이게 당연한 생활이다. 돈 벌 때까지는 모든 문화생활은 접을 수밖에 없다.

넷째, 진상 고객을 만나면 정신적·육체적으로 피폐해진다.

바른 생활로 몇 십 년을 살아온 사람이라면 더욱 적응하기 어렵다. 나름 정성껏 음식을 만들어 제공했는데 돈을 안 주고 사라진다면? 요즘 언론에도 '먹튀' 고객에 대한 기사가 많이 나오지만, 막상 당한 점주는 울고 싶다. 그리고 어떤 고객은 어제 여기서 먹은 음식 때문에 배탈 났다고 치료비를 요구하고, 방문자 리뷰 또는 배달 리뷰에 악평을 써 놓는다. 그러면 아무리 멘탈이 강한 사람이라도 화가 난다. 고객은 내 마음 같지 않기 때문에 정신적·육체적 스트레스가 장난이 아니다. 그래서 외식업은 정말로 힘드니 하지 말라는 것이다.

첫 번째 이유, 감당하기 어려운 투자비

창업의 첫 번째 어려움인 투자비부터 살펴보자. 보통 투자비에는 권리금, 보증금, 인테리어/기기장비 비용, 가맹금/교육비 등이 포함된다. 권리금과 보증금은 회수 가능하기 때문에 실질적으로 사라지는 비용은 인테리어, 기기장비, 가맹금, 교육비 등으로 보면 된다.

우선 창업할 장소를 찾아야 하는데, 이 장소를 임차하는 비용이 필요하다. 즉 권리금과 보증금 그리고 매월 제공하는 임차료, 즉 월세이다. 유동인구가 많은 상권은 당연히 권리금이 높고, 보증금 또한 월세의 1년 치 이상이다 보니 많을 수밖에 없다.

보통 20~30평 기준으로 보면, 역세권은 권리금 1억~2억 원, 보증금 1억~1억5,000만 원, 그리고 일반상권은 권리금 3,000만

~5,000만 원, 보증금 3,000만~5,000만 원 정도이다. 각 상권마다 기준이 정해져 있고, 평수에 따라 차이가 있다. 건물주와 협의하더라도 조정되는 폭이 크지 않다.

코로나 엔데믹 선언에도 불구하고 불경기로 아직 상권 회복이 더딘 상황이다. 권리금과 임대료가 올라가기 직전, 이럴 때 오히려 경쟁력 있는 브랜드라면 창업의 기회가 될 수도 있다. 그러나 물론 돈 많은 건물주는 코로나 이전 임대료를 받을 때까지 공실로 가지고 갈 것이다.

"기본 투자비는 얼마?"

창업은 '과시형 창업'과 '생계형 창업'으로 나눌 수 있다.

과시형 창업 : 사회적 명함/점장 or 매니저 통해 점포 운영
생계형 창업 : 생존 경쟁/직접 점포 운영, 가족 or 직원 고용으로 하루 8h 이상 근무

일반적으로 과시형 창업의 경우 최소 투자비는 4억 원 이상 필요하고, 생계형 창업의 경우는 보통 2억 원 정도 있으면 된다. 상권에 따라 차이가 있겠지만 과시형이냐, 생계형이냐에 따라 업종과 점포 평수가 달라진다.

업종에 따라 다르겠지만 젊은 시절에는 체력이 받쳐 주기 때문에 생계형 창업을 통해 열심히 노력하여 경제적 독립에 올인하는 것이 정답이다. 그러나 나이가 들면 대출을 받아서라도 과시형 창업을 하는 것이 맞을 것이다. 체력이나 순발력도 문제지만, 향후 사업이 잘된다면 여러 점포를 운영해서 수익을 확대할 기회도 있기 때문이다. 그래서 투자비는 '50% 이상' 자기 자본으로 해야 한다. 초기 매출부진으로 어려움에 봉착하거나, 아니면 점포를 하나 더 오픈할 경우 추가 대출 여유가 있어야 한다.

"대표 브랜드 점포 오픈 투자비"

그러면 장소 임차 관련 비용인 권리금과 보증금을 포함하여, 업종별 대표 브랜드 중심으로 점포 오픈 투자비를 알아보자. 각 브랜드의 홈페이지에서 제공하는 정보를 기준으로 산정한 수치이다. 단, 여기에는 냉/난방시설, 전기/급배수 인입 공사, 화장실 공사, 물품대 등은 제외된 금액이다. 빅 브랜드 경우는 역세권으로, 그 외 브랜드는 일반상권으로 적용했다.

	인테리어/기기장비/가맹금/교육비 등		권리금/보증금		총 투자비
아이스크림 브랜드 (25평 기준, 역세권)	2억3,000만 ~2억8,000만 원	+	2억 원	=	최소 4억3,000만 원 이상
베이커리 브랜드 카페형 (30평 기준, 역세권)	2억3,000만 ~2억7,000만 원	+	2억 원	=	최소 4억3,000만 원 이상
커피 & 디저트 브랜드 (45평 기준, 역세권)	2억4,000만 ~2억7,000만 원	+	2억 원	=	최소 4억4,000만 원 이상
햄버거 브랜드 (25평 기준, 역세권)	2억 ~2억2,000만 원	+	2억 원	=	최소 4억 원 이상
도넛 브랜드 (20평 기준, 역세권)	1억6,000만 ~2억 원	+	2억 원	=	최소 3억6,000만 원 이상
피자 브랜드 (25평 기준, 일반상권)	2억1,000만 ~2억2,000만 원	+	6,000만 원	=	최소 2억7,000만 원 이상
한식 브랜드 (35평 기준, 일반상권)	1억2,000만 ~1억3,000만 원	+	6,000만 원	=	최소 1억 8,000만 원 이상
중식 브랜드 (30평 기준, 일반상권)	1억6,000만 원	+	6,000만 원	=	최소 2억2,000만 원 이상
치킨 브랜드 (20평 기준, 일반상권)	9,800만 ~1억2,000만 원	+	6,000만 원	=	최소 1억5,800만 원 이상
화장품 브랜드 (15평 기준, 역세권)	1억2,000만 ~1억4,000만 원 (물품대 금액 4~5,000만 원 포함)	+	2억 원	=	최소 3억2,000만 원 이상
커피 브랜드(가성비) (12평 기준, 일반상권)	7,000만 ~8,000만 원	+	6,000만 원	=	최소 1억3,000만 원 이상
분식 브랜드 (10평 기준, 일반상권)	6,000만 ~8,000만 원	+	6,000만 원	=	최소 1억2,000만 원 이상
주점 브랜드 (20평 기준, 일반상권)	6,000만 ~7,000만 원	+	6,000만 원	=	최소 1억2,000만 원 이상
편의점 브랜드 (15평 기준, 일반상권) *가맹본부에서 인테리어/집기비품/간판 등 지원 조건으로 수익배분 구조	3,000만 원	+	6,000만 원	=	최소 9,000만 원 이상

프랜차이즈 가맹 창업은 브랜드에 대한 고객 신뢰와 인지도가 있기 때문에 투자비가 많이 들어간다. 그러나 대부분 투자비는 동종업계가 비슷하다. 차이가 있다면 '가맹금', '인테리어 평당 단가', '로열티' 정도이다. 특히 잘나가는 브랜드일수록 투자비가 많이 필요하고, 신생 브랜드이거나 브랜드력이 낮을수록 적게 들어간다.

빅 브랜드일수록 기본 투자비가 높기 때문에 유동인구가 많은 중심 상권으로 접근하여 매출 및 수익 극대화에 집중해야 한다. 그런데 지금은 포화 상태라 오픈할 자리가 많지 않다는 것이 문제다. 이것은 안정적으로 운영되고 있다는 증거이므로, 프리미엄을 주고 인수하는 수밖에 없다.

"추가 운영비 없으면 문 닫아야 할 수도"

점포영업을 지속적으로 하기 위해서는 최소한 6개월 이상 운영비가 필요하다. 고객 방문 증가로 현금흐름이 좋다면 문제가 없지만, 그렇지 않으면 대체적으로 고객의 마음을 얻는 데 최소 6개월은 필요하기 때문이다. 오픈한 가게가 손님이 없다고 하더라도 식자재비, 인건비, 임차료 정도는 있어야 계속 영업을 할 것이다. 최소 몇 개월의 여유자금을 가지고 출발하면 초심을 잃지 않고 좋은 품질과 서비스, 점포 청결 상태를 유지하면서 고객에게 다가갈 수 있다.

만약 그렇지 않고 여유자금이 없다면 품질을 유지하기가 힘들다. 어제 준비한 식자재를 사용하게 되거나, 레시피대로 제공하기 어렵고, 직원을 줄여 서비스에도 소홀하기 쉽고, 그리고 깨끗한 점포 환경도 유지하기가 쉽지 않다. 그러면 시간이 갈수록 더 나빠질 수밖에 없다. 수익이 적은데 어찌 잘할 수 있겠는가? 인건비도 줄이고, 식자재비도 아끼다 보면 처음 마음과는 달리 프랜차이즈 매뉴얼을 지키기가 점점 힘들어진다. 결국 돈을 벌기 위해 편법을 쓰다 보면 사업이 활성화되기보다는 서서히 망하게 되는 쪽으로 흘러간다.

예를 들어, 원가를 아끼기 위해서 감자칩을 정량보다 적게 제공한다면 경쟁 브랜드는 5% 정도 더 많이 제공 고객이 모를 것 같은가? 또 매뉴얼에는 메뉴를 주문 후 생산하여 제공하도록 되어 있는데 인건비 때문에 직원을 줄여 미리 만들어 놓고 판매한다면 맛의 차이가 없겠는가? 고객은 이미 처음 그 맛을 머릿속에 저장해 두기 때문에 맛이 변한 것을 금방 알아차린다. 맛은 입으로 느끼는 것이 아니라 뇌가 느끼고 평가하기 때문이다.

반대로 본부 매뉴얼대로 따르면서 품질과 서비스에 더 집중하고, 지금 당장의 눈앞 이익보다 6개월에서 1년 이후 수익을 위해 정상적으로 운영한다면 고객들은 결코 배신하지 않는다. 경쟁 브랜드가 들어오더라도 초심을 지키면 망하지는 않는다.

　어느 장소이든 한 곳에서 3년 이상 운영하면 맛집으로 소문난
다. 그만큼 한 곳에서 오랜 기간 동안 운영하기가 어렵다는 증거이
다. 맛, 품질, 서비스와 타협하지 않기 위해서는 융통할 수 있는 여
유자금이 반드시 필요하다는 것을 기억해 두기 바란다.

투자비에 대해 알아두면 좋은 팁

'권리금 = 프리미엄 = 높은 임차료' 의미

권리금이 '제로(0원)'라는 것은 장사가 안 되는 입지를 의미한다고 볼 수 있다. 아니면 적자가 심하다 보니 기존 점주가 권리금을 빨리 포기하고 나가는 게 더 이익이라고 생각하는 경우다.

코로나 팬데믹으로 매출은 바닥이고, 월세는 계속 지급해야 하는데, 임차 문의는 없고, 그렇다고 언제 호전될지 아무도 모를 때 어찌 하겠는가? 입점 시 지급한 권리금과 투자비에 대한 잔존가격도 포기하고 나가겠다는 절박함을 누가 알겠는가? 코로나가 끝난 지금도 불경기라 무권리 점포들이 많은 상태다. 아무튼 권리금이 없다는 것은 주변 상권을 다시 한번 조사할 필요가 있다는 뜻이다.

신축 건물은 권리금을 받지 않는 경우도 있고, 월세 대신 보증금을 높게 받는 경우도 있다. 이유는 건물 짓는 데 투자비가 부족해 보증금을 더 원하는 것이다.

빅 브랜드일 경우 권리금을 내지 않는 경우도 있는데, 이 역시 건물주와 협의해야 할 사항이다. 이유는 그만큼 매출이 높아 임대료에 영향을 주기도 하고, 그 브랜드를 통해 건물의 가치가 상승되며 입주 업체들의 수준도 향상되어 고품격 건물이 되기 때문이다.

보증금과 임차료 조정

임차인이 여유자금이 없다면 월세를 더 올려 주면서 보증금을 낮추는 방법도 있고, 반대로 목돈이 있다면 보증금을 더 올려 주고 월세 비중을 낮추는 방법도 있다. 제일 좋은 방법은 후자이다. 이럴 경우 중개인에게 도움을 요청하여 건물주나 임대인에게 적극적으로 어필한다면 조정도 쉽게 될 수 있다.

최근에는 신축 건물 위주로 상권 형성 기간이 필요하므로 3개월에서 6개월까지 '렌트 프리' 혜택을 주는 경우도 있으니, 잘 협의하면 그만큼 이익으로 돌아온다.

시설 투자비

빅 브랜드는 보통 가맹본부에서 직접 소속된 업체를 통해 100% 진행한다. 공사대금도 일정에 맞춰 '40% + 40% + 20%' 비율로 선지급 후 공사를 시작한다. 규격에 맞는 자재를 사용하여 브랜드 이미지를 훼손하지 않기 위해서이다. 인테리어 경우에는 점주 자율 시공이 가능한 브랜드도 있으니 꼭 체크해 보기 바란다. 여유자금이 없다면 기기/장비들도 가맹본부 담당자와 협의하여 무상 임차나 렌트 또는 중고기기 사용 가능성을 파악해 보면 큰 도움이 된다.

두 번째 이유, 월급보다 적은 수익

보통 수익률이 20% 내외라고 하면 매출 기준이다. 여기에는 투자비에 대한 감가상각이나 대출에 대한 이자비용은 대부분 빠져 있고 공과금, 세무사/노무사 비용, 카드 수수료, 배달 관련 비용 등을 빼고 말하는 경우도 있다. 게다가 본인의 초과 근무시간이나 인건비는 아예 제외한다. '수익 = 창업자의 월급 = 가족 생활비'로 보면 되는데, 결과적으로 이 금액이 생각보다 너무 적은 것이다.

"수익률이 얼마나 될까?"

프랜차이즈 각 브랜드별 정보공개서에는 점포별 매출 및 손익

자료가 나와 있다. 점포영업에는 매월 발생하는 비용이 있다. 매출과 무관한 고정비 성격의 인건비, 임차료, 세무사/노무사비, 키오스크/POS 사용료, 공과금, 공용관리비 등이 있다. 그리고 매출 관련 변동비 성격의 원재료비, 수도/광열비, 카드 수수료, 배달 관련 비용 등이 있다. 투자에 대한 감가상각비, 그리고 대출이 있다면 이자도 발생한다.

외식업은 매출이 적으면 고정적으로 들어가는 비용 때문에 지속적으로 운영할 수가 없다. 그러므로 매출이 가장 중요하다. 기대했던, 또는 예상했던 매출이 발생되지 않으면 비용은 많고 수익은 적기 때문에 오랜 기간 영업할 수 없게 된다.

과거에는 원가와 인건비가 경쟁력이었다. 그런데 지금은 매년 최저 인건비 인상, 우크라이나 전쟁으로 인한 식자재 가격 폭등 등으로 365일 열심히 해도 외식 사업은 더 이상 재미가 없다.

원가율 → (나홀로 창업) 40% 내외 / (가맹 창업) 45% 이상

점주와 가족 노동력 제외하고 인건비율 → 10~15%

임차료 → 7~15%

배달 비중이 높으면, 배달 관련비 → 15% 내외

기타 비용 → 7~10%(카드 수수료 2% 포함)

전체 비용은 대충 잡아도 'Min 79% ~ Max 100%'이다. 그러면 수익률은 0~21% 정도인데, 여기서 감가상각비와 대출이자를 고려하면 적자를 보는 경우도 생긴다는 것이다.

"원가와 인건비 싸움"

수익을 창출하려면 원가나 인건비를 줄이는 방법밖에 없다. 즉 저렴한 식자재를 사용하거나, 직원 수를 줄여 가족들이 대체 근무해야 한다. 그리고 배달 관련 수수료를 줄이기 위해서는 직원이나 점주가 직접 배달해야 한다. 나머지 비용은 줄일 수 없다.

문제는 품질과 서비스 수준이다. 원가는 품질과 연결되어 맛에 영향을 줄 수 있고, 인건비는 서비스에 문제가 될 수 있어 줄인 직원 수만큼 점주가 더 열심히 하거나 아니면 키오스크/테이블오더^{무인주문기}를 사용할 수밖에 없다.

창업 사례들을 보면 자기가 받던 월급보다 못한 경우가 대부분이다. 은행에서 이자까지 받던 예금을 털어서 투자하고, 온 가족이 365일 쉬지 않고 고생하는데도 직장생활보다 못하거나 적자가 발생하니 속이 상할 수밖에 없다. 그래서 가능하면 창업을 하지 말라는 경고를 하는 것이다. 조직에서 최대한 버티고 버티다 그럼에도 창업을, 그것도 외식창업을 하고자 한다면 반드시 가족과 함께 심사숙고 고민해 보고 결정하길 바란다.

김밥 프랜차이즈 부평, 생계형 창업

- 투자비 1억3,000만 원(대출 8,000만 원)

- 감가상각 + 대출이자 160만 원

- 적자 1,100만 원

　코로나로 권리금 2억 원의 24평 점포가 무권리로 나와 있어 과감하게 도전한 것이다. 기존 점포 사업은 사모님에게 맡기고, 코로나도 곧 끝날 것이라고 생각하고 사업을 확대한 것이다. 좋은 입지에 권리금이 없다는 것에 눈이 멀어 먼저 점포부터 계약하고 그다음 업종을 찾은 것이 첫 번째 실책이었고, 기존 브랜드보다 성장 가능성이 높은 신규 김밥 브랜드를 선택한 것이 두 번째 실책이었다고 한다.

　투자비는 보증금 5,000만 원, 가맹금/교육비 무료, 인테리어 8,000만 원 등이다.

　# 매출은 월평균 2,000만 원,

　# 원가율은 40%,

　# 인건비율은 65%(직원 5~6명),

　# 임차료 33%(월세 660만 원),

　# 기타 비용 10% 정도로,

　# 수익률은 -48%다. 매월 960만 원 적자인데, 감가상각비와 대

출이자를 고려한다면 무려 -1,100만 원이다.

　인건비를 줄이기 위해 점주가 365일 더 열심히 일했다고 한다. 역세권임에도 불구하고 코로나로 유동인구가 줄었고, 동종의 경쟁 브랜드가 많았으며, 김밥 전문점 이외 먹을 곳이 많다 보니 유입고객 수에 한계가 있었다. 또 신규 브랜드라 선호도 측면에서 불리했고, 배달 매출을 기대해 보았는데 역시 브랜드력 한계로 매출 구성비가 10% 선에서 정체하였다.

　서민들이 자주 찾는 음식으로 김밥, 라면, 떡볶이, 우동, 쫄면, 냉면 등 메뉴가 다양하여 회전율이 좋을 것으로 판단했지만, 매일매일 방문고객 수의 변동 폭이 너무 컸다. 그 결과, 필요한 식자재 종류가 많은 데다 회전도 잘 안 돼 버리는 경우가 많이 발생했다.

　직원도 젊은 사람으로 구성하려고 했지만 불가능해 나이 드신 분을 채용했는데, 문제는 오래 서서 김밥을 말다 보니 퇴사율이 높아 품질의 일관성 유지가 어려웠다. 김밥을 만드는 기계가 있지만 투자비 약 3,000만 원 부족으로 들이지 못하고, 쇼윙 오픈 키친에서 직접 손으로 김밥을 마는 모습을 보여 줌을 하게 되었다. 김밥 담당자는 전문가라 급여도 높게 주었다.

　다행스럽게 코로나 엔데믹으로 창업을 준비하는 사람들이 있어, 1년 6개월 운영하다가 권리금 5,000만 원을 받고 넘겼다. 분식은 유동인구가 많은 지역에서 박리다매로 테이블 회전율과 단체주문동호회/모임 등으로 승부해야 된다는 것을 깨달았다고 한다.

또 코로나 전 권리금이 2억 원 했던 점포가 코로나로 인해 권리금이 제로라는 것에 혹해 경쟁 브랜드도 눈에 보이지 않았고, 먹을 곳이 주변에 많다 해도 충분히 성공할 것 같았다고 한다. 그리고 메르스처럼 코로나도 1년 정도 지나면 끝날 것으로 생각했다.

무권리는 반드시 상권을 조사해 보고 결정하고, 김밥은 손이 많이 가기 때문에 자동화 시스템으로 가능하거나, 아니면 인지도가 높은 빅 브랜드를 검토하라고 귀띔을 해주셨다.

사례 2 **수제버거 전문점 나홀로 창업**평촌, 생계형 창업

- 투자비 6,500만 원(대출 3,500만 원)
- 감가상각 + 대출이자 90만 원
- 수익 140만 원

7평의 T/OTake Out 전문 매장2인용 테이블 3개. 6석으로, 20대 여성이 수제버거 전문점에서 나름대로 노하우를 배운 뒤 동료와 창업한 사례이다. 투자비는 권리금 제로, 보증금 2,000만 원, 인테리어/주방기기류 4,500만 원 정도이다.

\# 월평균 매출액은 2,900만 원,

원가율 40%,

인건비율 24%(직원 4명),

임차료 6%(월세 165만 원),

기타 비용(공과금/카드수수료 등) 5%,

배달 관련 비용 17% 정도로,

수익률 8%, 월 230만 원 정도이다. 여기에 감가상각비와 대출 이자를 고려하면 140만 원이 창업자의 몫이다.

일정한 매출이 나왔음에도 1년간 운영하다 결국 폐업했다. 식자재는 지인을 통해 격일 간격으로 저렴하게 공급받았지만, 규모가 작아 원가 측면에서 메리트가 별로 없었다. 지역 특성을 고려하여 판매가를 비싸게 받을 수도 없다 보니 원가율이 높았다. 특히 패티^{원가의 33% 구성}를 만드는 소고기의 가격이 오픈 초에 비해 50% 이상 인상되었다.

배달 비중이 높다 보니, 탄산음료 제공을 디스펜스용 컵으로 하지 않고 캔으로 하게 되어 원가가 더 악화되었다. 게다가 젊은 트렌드를 고려하여 포장을 차별화한 결과, 포장비도 많이 들어갔다.

365일 영업으로 평일에는 점주 포함 4명 기준으로 운영하고^{직원 1명에 오전 알바 1명, 오후 알바 1명}, 주말에는 2명^{직원 1명, 풀타임 알바 1명}으로 운영하다 보니 인건비율이 24% 이상이었다. 그리고 배달 매출이 90% 이상으로, 배달 관련 비용이 월 500만 원 이상 나왔다.

임차료는 고정 월세라 조정이 불가하였고, 점포운영 노하우가 부족해 식자재 관리에 문제점이 많았다. 선입선출도 잘 안 되고, 레시피보다 많은 양으로 조리하다 보니 로스가 많이 발생하여, 이론재고와 실재고 차이가 심했다. 그리고 매출 추이와 수요 예측으로 식자재를 격일 단위로 주문해야 하는데 귀찮아서 한 번에 많은 양을 주문하다 보니 품질 유지가 어려웠다.

입점한 건물에는 약 1,100세대가 살고 있고 오피스 사무실도 별도 구성되어 있어 자체 소비자가 많을 것으로 생각한 게 가장 큰 실책이었다. 세대 구성원들이 대부분 나이 드신 분들이 많아 외식보다는 집에서 해 먹는 것을 선호하고, 햄버거를 좋아하는 분들은 별로 없었던 것이다. 사무실에 출근하는 분들이 조금 이용해 주는 정도라 실제 건물 입주민의 매출 기여도는 5% 미만이었다.

건물 내 입주 고객을 생각하고 창업했는데 오히려 배후 아파트 지역에서 맛있다고 배달 매출이 늘어난 것이다. 건물 내 오피스 상대로 떡 대신 햄버거를 돌리기도 하고, 엘리베이터 내 입주민 판촉 광고도 1년간 지속적으로 했지만, 고객은 건물 내부가 아닌 외부에 있었다.

이 지역에서 수제버거가 잘된다는 소문이 나기 시작하자 지하철역 주변에 추가로 경쟁 브랜드가 두 군데 오픈하였다. 결국 나눠 먹기식으로 진행되어 매출도 떨어지고, 손익도 악화되었다.

영업시간을 단축하거나, 근무인원을 줄일 수도 없었다. 모든 것이 수작업으로 진행되다 보니 최소 인력으로 점심/저녁 장사를 한 것이다. 그렇다고 두 명이서 일 9시간 이상 주 6일 근무할 수는 없는 상황이었다. 수제버거 맛이 우수해서 배민 리뷰 1등도 했지만, 직장 다닐 때 받던 월급보다 적은 수익과, 젊은 친구가 365일 정신적 스트레스를 견디기가 힘들어 결국 폐점하였다.

버거 메뉴는 고객 트렌드 반영이 필수적이다. 그러므로 개인 브랜드는 지속적인 메뉴 개발 문제와 식자재 가격 상승 시 그대로 원가에 반영해야 하는 문제 때문에 기업 브랜드 대비 경쟁력이 약할 수밖에 없다. 그렇다고 처음부터 대량으로 재고를 가져갈 수도 없고, 레시피 연구도 전문적으로 할 수 없어 사업 유지가 쉽지 않다는 점을 꼭 기억하자.

사례 3 　도넛 프랜차이즈 상주, 과시형 창업에서 생계형화

- 투자비 3억 원(대출 1억5,000만 원)
- 감가상각 + 대출이자 472만 원
- 적자 72만 원

식품사에서 오랜 기간 근무한 동료가 갑자기 지방에 내려가 창업한 경우다. 점포영업을 많이 한 친구라 대박을 찾아 멀리까지 간 것으로 생각됐다. 약 30평 정도 규모로 보증금 3,000만 원, 인테리어 1억3,000만 원, 집기비품 등 1억2,000만 원, 가맹금 1,000만 원, 교육비 1,000만 원 등 투자하였다.

> \# 월평균 매출은 2,200만 원,
>
> \# 원가율 50%(도넛 1+1 잦은 행사),
>
> \# 인건비율은 11%(직원 1~2명),
>
> \# 임차료는 12.5%(월세 275만 원),
>
> \# 기타 비용 8% 정도이다.
>
> \# 수익률은 18.5%로, 월 400만 원 정도였다. 감가상각비^{410만} ^원와 대출이자^{62만 원}를 고려하면 매월 72만 원 적자다.

경쟁사는 던킨도너츠뿐이며 매출 또한 높았다. 제품력이 우수하기 때문에 경쟁사로부터 일부 매출을 뺏어 오고 추가로 신규 매출을 창출한다면 충분히 수익이 확보될 것으로 믿었다. 그런데 오픈 초기에는 매출이 나오다가 그 이후에는 급격히 떨어졌다. '오픈 빨'이 끝난 뒤에는 직원도 줄이고, 주말 이외에는 본인이 하루 종일 근무하는 상황까지 처하게 되었다. 영업^{점포개발+운영} 전문가가 이렇게 어려움을 겪을 줄은 아무도 몰랐다.

문제는 지방에서 혼자 생활하며 운영하다 보니 가족들의 도움을 전혀 받을 수 없었다는 것이다. 또한 의식주 부분도 큰 문제였다.

인구가 적은 지방도시라 도넛 시장 자체가 작고, 던킨도너츠 브랜드 인지도 및 선호도가 높아 극복하기가 어려웠다고 한다. 서울 출신이라 지역 연고가 없다 보니 선후배나 친척, 지인 등 누구에게도 도움을 청할 곳이 없었다. 특히 지방으로 갈수록 지역색이 강해서 서울 출신 점포에는 단체주문이나 배달이 거의 없었다고 한다. 젊은 친구들 이외에는 반복 구매가 일어나지 않았다. 매출은 점점 더 떨어져 결국 점포를 그 지역 사람에게 넘기고 말았다.

판촉을 하면 헤비유저^{구매빈도가 높은 사람} 방문으로 고객 수는 증가하여 매출은 20~30% 늘어난다. 그러나 도넛 1+1 판촉에 따른 원가 2배 부담과, 바쁜 만큼 직원채용으로 인한 인건비 증가로 손익개선에는 별로 도움이 되지 않았다. 그래서 자기 고향이 아니면 절대 창업하지 말라고 지금도 말한다.

사례 4 떡볶이 프랜차이즈 시흥, 생계형 창업

- 투자비 7,300만 원(대출 0원)
- 감가상각 67만 원
- 수익 203만 원

회사를 잘 다니다 지인의 추천에 혹해 아파트 상권에 창업한 경우다. 투자비도 적게 들고, 조리에도 별 어려움이 없는 떡볶이로 품목을 정했다. 젊은 부부라 건강하고, 열심히 하면 돈이 될 거라고 생각해 올인했다. 10평 규모에 테이블 1개로 배달 전용 매장이다. 투자비는 권리금 제로, 보증금 3,000만 원, 인테리어/주방기기류 4,000만 원, 가맹금/교육비 등 300만 원이다.

　# 매출 월평균 1,800만 원,

　# 원가율 45%,

　# 인건비율 8%(직원 1~2명),

　# 임차료 9%(월세 165만 원),

　# 배달 관련 비용 16%,

　# 기타 비용 7%로,

　# 수익률 15%, 월 270만 원 정도이다. 감가상각비를 고려한다면 자기 수입으로 200만 원 정도 가져간다.

부부가 고생하는데도 기존 월급에 비해 한참 부족하니 투자비라도 건지기 위해 인수자를 찾고 있는 상태다. 문제는 불경기라 아무도 관심이 없다는 것이다.

아파트 가구 수에 비해 매출이 부진하고, 배달 비중이 80% 이상이다 보니 배달 수수료가 너무 많다고 한다. 창업 초기에는 매일 영업을 했는데, 떡볶이 품목 특성상 주택가는 오히려 주말에 매출이 부진하다. 그래서 지금은 토요일 휴무를 통해 체력도 비축하고,

매출과 고객 분석을 통해 손익을 개선하는 방안을 연구하고 있다.

프랜차이즈는 브랜드 선호도가 중요하다는 것을 새삼 느끼며 후회하고 있다고 한다. 그러면서 창업할 때는 꼭 인지도가 있는 빅 브랜드를 먼저 검토하라고 당부했다. 또 아무리 큰 아파트단지라도 출입구가 몇 개인지 꼭 체크하라고 한다. 1~2개면 좋은데 그 이상이면 고객 분산으로 매출에 도움이 전혀 안 된다고 알려 주셨다.

세 번째 이유, 멀어지는 워라밸

섣불리 창업을 하지 않았으면 하는 또 하나의 이유는 '삶의 질' 때문이다. 회사 다니는 것보다 더 힘들고, 인간다운 여유로운 생활은 꿈도 꾸지 못하기 때문이다. 어쩌다 하루 쉬는 날은 몸이 녹초가 되어 바깥 구경은 생각도 못 한다. 매출이 저조할수록, 수익이 적을수록 몸과 마음이 더 피곤한 게 사업이다. 온 가족이 같이 스트레스를 받는다.

사업이 잘되면 쉬기도 하고 놀러 가기도 할 텐데, 창업자 90% 이상이 생계형화되어 100원이라도 더 벌기 위해 아등바등하다 보면 마음의 여유가 없어진다. 언제나 내일이 걱정되기 때문이다.

"더 이상 워라밸을 추구할 수 없다"

365일 답을 찾기 위해 노력하고 또 고민해야 하는 것이 창업이다. 왜? 내 것이고, 안 되면 나와 내 가족이 거리로 내몰리는 상황까지 가기 때문이다. 그러니 절박할 수밖에 없다.

외식은 특히 QSCH Quality 품질, Service 서비스, Cleanliness 청결, Hygiene 위생가 중요하다. 매일매일 챙기지 않으면 문제가 생긴다. 게다가 고객 컴플레인이라도 한 건 터지면 해결을 위해 간이고 쓸개고 다 빼놓고 대처해야 한다. 최근 먹튀 고객들이나 테러 수준의 리뷰를 보면 왜 외식창업을 했는지 스스로를 원망하게 될 수도 있다. 이럴 바엔 그 창업정신으로 더 노력하고 공부해서 샐러리맨 부자가 되는 편이 더 낫지 않았을까?

"일과 삶의 균형을 찾기 위한 노력"

특히 외식업은 오너 스스로가 무리하게 일하면 금방 몸에 이상이 생긴다. 그렇기 때문에 롱런할 수 있는 방향으로 운영하는 게 좋다. 그러나 대부분 돈 때문에 직원을 쓰는 대신 오너가 과로하게 되면서 건강이 나빠진다. 365일 영업하며 쉬는 날도 없고, 가족과 여행을 할 시간도 없다.

수익 극대화보다는 파트타이머라도 채용하여 고용을 창출하고 오너의 건강도 균형을 유지하도록 하면 좋을 텐데, 말처럼 쉽지 않다. 성공에 대한 욕심 때문에 결국 돈과 행복을 바꾸게 되는 것이다. 돈은 많이 못 벌더라도 오랫동안 일하면서 즐겁게 생활할 방법을 찾는 것이 좋을 것이다.

주스 프랜차이즈 <small>영등포</small>

- 투자비 2억 원(대출 6,000만 원)
- 감가상각 + 대출이자 125만 원
- 수익 175만 원

식품회사에서 함께 일했던 동료가 프랜차이즈 점포영업 경험을 살려 아내에게 가맹 창업을 권유한 경우다. 부부가 서로 상의하여 낮은 노동강도와 적은 투자로 운영할 수 있는 아이템을 조사하다가 7평 규모의 T/O 전문점을 하게 되었다.

투자비는 역세권이라 권리금 1억 원, 보증금 2,000만 원, 인테리어/기기 외 6,000만 원, 가맹금/교육비 1,000만 원, 물품대 등 총 2억 원 정도이다.

매출 월평균 1,500만 원(성수기와 비수기 차이가 심함),

원가율 40~45%(매출처럼 성수기/비수기 차이 큼),

인건비율 15%(직원 1~2명),

임차료 13%(월세 200만 원),

기타 비용 5~7%로,

#수익률 20%, 월 300만 원 정도이다. 감가상각비 100만 원과 대출이자 25만 원를 고려하면 175만 원 정도 자기 수입으로 가져가는 상태다.

평일에는 아내와 아르바이트 직원이 함께 일하고, 저녁에는 남편이 퇴근하여 마감을 도와준다. 주말에는 남편과 직원이 오전 근무하고, 오후에는 아내와 직원이 근무하며, 인건비를 최대한 줄이며 운영하고 있다. 성수기에는 매출규모가 커서 직원을 더 채용하였으나, 최근에는 경쟁 브랜드 출현으로 매출이 20% 이상 감소한 상태다. 알바도 2명에서 1명으로 줄여 노동강도는 높아지고 몸은 힘들어져 병원에 자주 가게 되었다고 한다. 그래서 1년 이내 양도하기로 한 상태로, 인수자를 찾고 있는 중이다.

남편도 계속 회사 생활을 하면서 점포 일을 도와주다 보니 정신적·육체적 스트레스가 심해져 빨리 정리했으면 하고 있다. 두 사람 모두 성격이 외향적이고 사교적이어서 대인관계도 좋고, 투자 여력도 있어 사업의 지속성은 문제가 없는데 건강이 나빠져 그만두기로 결심한 경우다.

오너로서 모든 것을 하나하나 챙긴다는 것이 보통 힘든 게 아니다. 예를 들어 과일음료는 생과일을 사용하는데, 직원에게 맡기면 로스율이 많아 원가가 올라가기 때문에 점주가 직접 손질을 해야 한다. 특히나 유사 업종의 경쟁사 출현으로 매출이 큰 폭으로 감소하면 손익이 나빠져 인력을 줄일 수밖에 없다. 그러면 대신 오너 가족이 그만큼 일을 더 해야 되기 때문에 노동강도는 높아진다. 이런 것들로 인해 사업을 접거나 양도하게 된다. 이 점포도 양수자를 찾고 있는데 불경기라 보러 오는 사람이 없다고 한다.

핫도그 프랜차이즈^{인천}

- 투자비 9,600만 원(대출 0원)
- 감가상각 85만 원
- 수익 550만 원

여행사에 근무하다 코로나로 인해 창업한 케이스다. 투자비는 권리금 2,500만 원, 보증금 2,000만 원, 인테리어/집기비품/외부공사 등 5,100만 원 등이다. 가맹비와 교육비는 무료 행사 기간이었다.

매출 월평균 1,700만 원,

원가율 36%,

인건비: 점주 직접 운영,

임차료 5.2%(월세 88만 원),

기타 비용 21.3%(관리비+카드수수료+배달료 등) 정도이다.

수익률 37.5%, 월 637만 원 정도다. 감가상각비를 감안하더라도 550만 원 이상 자기 수입으로 가져간다.

혼자 할 수 있는 품목을 찾다 K-Food로 유명한 핫도그 브랜드로 창업하게 되었다. 적은 평수에 낮에는 핫도그, 저녁에는 떡볶이로 매출 극대화가 가능하고, 주문 후 제조하다 보니 맛과 품질이 우수하여 고객의 사랑을 많이 받는다는 이야기다. 초기에는 직원을 채용하여 운영하다 인건비 150~200만 원/월 지금은 익숙하여 혼자 하는 것이 몸은 힘들어도 마음은 편하다고 한다. 핫도그와 떡볶이 조리 라인이 달라 동작이 빨라야 품질관리에 유리하기 때문에, 동작이 느린 사람은 이 업종을 비추한다는 말이 와닿는다. 주변에 관공서와 기업체가 많아 배달 매출이 꾸준하고, 배후에는 주택가와 학교가 있어 방문 포장도 많다고 한다.

그래서 매주 화요일은 휴무로 집에서 쉰다는데, 체력이 약해져 걱정이라고 한다. 가게를 운영하다 보니 진짜 워라밸은 생각도 못 하고 몸무게도 계속 줄어서 직원 채용을 다시 고민하고 있다고 한다.

사례 3 **커피 프랜차이즈**구로

- 투자비 1억5,600만 원(대출 0원)
- 감가상각 117만 원
- 수익 203만 원

커피 프랜차이즈 중 가장 트렌디한 브랜드를 창업한 경우이고, 최근 점포 수가 엄청 늘어난 브랜드다. T/O 전문점으로 회전율이 높다고 한다. 평수는 12평 정도로 유동인구가 많은 역세권에 오픈하였다. 다른 점포를 여러 개 운영하고 있는 상태에서 욕심이 생겨 커피 전문점을 추가로 한 경우다. 다점포 운영자이다.

투자비는 권리금 5,000만 원, 보증금 3,000만 원, 가맹금/교육비 650만 원, 인테리어 7,000만 원 정도이다.

매출은 월평균 2,500만 원,

원가율 40%(커피+디저트),

인건비율 32%(직원 12명),

임차료 7%(월세 165만 원),

기타 비용 8~9% 정도이며,

수익률은 12~13%로, 월 320만 원 정도이다. 감가상각비를 고려하면 200만 원 정도 자기 수입으로 가져간다.

직원 수가 많은 이유는 주휴수당 문제로 아르바이트생들의 근무시간을 파트타임으로 쪼개 운영한 결과이다. 채용 부문에서 어려운 점이 많다고 한다. 대부분 풀근무를 원하는 학생들이 많은데, 인건비 때문에 어쩔 수 없다고.

점주는 OP Operation는 거의 안 하고, 점포 관리에만 집중한다. 즉 QSCH 상태 체크, 매출 및 손익 분석, 주변 상권변화 분석, 가맹본부 SV Supervisor와 미팅, 직원 상담 등이다. 이처럼 점주가 투자해서 직접 현장에서 일하지 않고 손익 및 직원 관리만 체크하는 운영

형태를 '오토^{Auto} 타입'이라 한다. 과시형 창업의 모델이라고 보면 되겠다. 최소 3~5개 점포만 운영할 수 있다면 성공한 것이라고 볼 수 있다.

과거에는 이런 형태의 창업이 많았는데 IMF 이후 대부분 모두 생계형으로 바뀌었다. 생계형 점포도 점주가 6개월 정도 운영해 보면 어떻게 돌아가는지 알 수 있기 때문에, 그 이후부터는 관리에 포커스를 두고 향후 멀티 점포 운영에 관심을 가져야 한다. 그래야 월급보다 더 많은 수익을 창출하여 경제적인 독립을 추구할 수 있다.

한 점포당 250만 원 정도 수익이라고 가정하면, 3개 점포를 운영할 경우 750만 원의 수익이 난다. 롯데리아의 경우 2~3개 점포를 직접 운영하는 분들도 많다. 사업 특성을 잘 알기 때문에 점장이나 매니저를 두고 관리에 집중하면 여유로운 생활을 즐길 수 있다고 한다.

네 번째 이유, 진상 고객

외식업은 '손님이 왕'이라는 문화 때문에 진상 고객이 많은 편이다. 물론 손님이 와야 매출이 발생하고, 그 매출에는 직원의 급여와 점주의 수익이 포함되어 있기 때문에 최선을 다하는 것이 맞을 것이다. 그러나 과거 패밀리레스토랑 브랜드들이 떼돈을 벌 때 고객들이 습득한 나쁜 버릇의 영향으로, 아직도 정신 못 차린 후진국 손님들이 많다고 생각한다.

언론사를 통해 접하는 내용들 중에는 먹고 도망가는 '먹튀' 사례, 이물질이 나왔다고 난리를 피우는 사례, 심지어 그들이 음식에 이물질을 집어넣고 큰소리치는 경우도 많다. 배달음식 경우는 고객 리뷰에 악평을 올리는 사례가 많고, 배탈이 났다거나 이빨에 문제가 생겼다고 병원비를 달라는 사례, 며칠 지난 것을 가져와 상했다고 바꿔 달라거나 보상해 달라고 억지 부리는 사례, 옷이나 소지품에 뭐가 묻었다고 새것으로 사 달라는 사례, 그리고 화장실을 부수거나 훼손하는 사례, 아기가 어딘가 부딪혀 다쳤는데 매장의 시설이 문제라고 치료비를 달라는 사례, 반찬을 더 달라고 하고선 손도 안 대고 가는 사례 등이 있다. 편의점은 분실되는 상품이 많아 일정한 금액을 로스^{감손실}로 잡는다고 한다.

"손님은 왕일까?"

이처럼 소상공인들에게는 억울한 경우가 너무너무 많다. 이럴 때는 왜 창업을 했는지 스스로 원망하게 된다. 보통 사람으로서는 상상할 수 없는 일들이 외식업에서는 일어나기 때문에 정신 건강을 챙기는 것이 중요하다.

어느 정도는 고객 입장을 이해하지만 선을 넘는 경우는 과감하게 대처해야만 스트레스에서 벗어날 수 있다. 그리고 점주로서 해결해 줄 수 있는 문제라면 빨리 처리해 주는 게 오히려 단골로 만드는 기회도 된다.

아무튼 양아치 고객은 우리 고객이 아니라고 생각하자. 그들에게까지 미련을 가진다면, 정신병원에 입원하거나 화병에 일찍 죽을 수도 있다. 고객과 점주/직원의 안전을 위해서 가능한 한 CCTV도 많이 설치하여 어떤 일이든 대비하여야 한다. 그리고 경찰의 도움도 필요하면 받는 것이 좋다.

"가지각색 진상 사례들"

다음 내용은 외식업에서 발생한 다양한 컴플레인 때문에 우수 인재들이 외식업계를 떠난 안타까운 사연들이다. 고객의 수준이 곧 외식업의 수준이고, 그 나라 문화 수준이라는 것을 잊지 말자.

사례 1 명품 옷 새것으로 구입해 달라

　직원이 립을 쓸다 그만 잘못해서 고객의 하얀 재킷에 소스가 튀었다. 물론 명품 브랜드였다. 직원은 어쩔 줄 몰라 고객에게 사과와 양해를 구하고, 세탁소에 맡겨 깨끗하게 드라이 크리닝할 수 있는 비용을 드리겠다고 했다. 그러나 고객은 막무가내로 똑같은 것으로 사 내라고 주장하는 것이었다.

　물론 즐거운 시간을 망쳐 버렸으니 화를 내는 것이 당연하다. 그래서 점장이 방문해 재차 말씀드려도 협의가 안 돼, 결국 그분께서 소비자보호원에 신고를 했다. 피드백은 고객의 옷에 대해 지나간 시간 정도의 가치를 고려하여 보상하라는 내용이었다.

　우리는 그 고객에게 돈으로 환산할 수 없는 감정을 상하게 했고, 직원은 자신의 잘못과 그에 대한 두려움으로 주방에서 울고, 홀에서는 직원들이 죄인이 된 것처럼 취급을 받고, 고객분은 화를 참지 못해 큰소리로 소란을 피우고, 주변 고객들은 이상한 분위기 속에서 식사를 하게 되었다. 한 직원의 실수가 그곳에 있는 모든 분에게 피해를 준 것이다.

　고객 접점에서 일하는 서비스직은 이렇게 힘이 든다. 그 직원은 고객의 과도한 요구와 무례한 행동에 충격을 받고 그날 이후 그만두었다.

트라우마로 고객이 두렵다

어린아이와 동행한 고객의 사례다. 식사 도중에 애들이 뛰어다니고 의자에서 장난치다 벽등 전구에 머리를 부딪혀 상처가 났다. 우리 직원이 병원에 가야 된다고 말씀드려도 "우리가 잘못했으니 괜찮다"고 해서, 혹시 병원에 가서 치료비가 나오게 되면 보험 처리해 드리기로 하고 상황을 마무리했다.

그런데 다음 날, 그 고객이 다시 와서 젊은 직원에게 반말로 따지며 험한 분위기를 만드는 것이었다. 점포 내 시설을 이렇게 해서 애가 다친 거라고 막무가내로 우겨 댔다.

"고객은 왕이다"라는 구호로 인해, 무식한 언행이나 비합리적인 요구에도 무조건 우리 잘못이라고 빌고, 무리한 요구를 모두 받아 주다 보니, 그 피해는 외식업에서 생계를 유지하고 꿈을 키우는 젊은 친구들에게 돌아간다. 결국 그 직원은 화를 참지 못하고 그만두었다.

이런 경험을 한 친구들은 고객에 대한 트라우마가 생겨 고객을 적극적으로 대하지 못하고, 눈치를 많이 보게 된다. 먼저 인사도 하지 않는다. 그러면 결국 그 피해는 누가 보겠는가. 즐거운 시간을 보내려고 온 다른 고객은 그런 직원의 태도에 기분이 상하게 된다.

상식을 벗어나는 행동에는 반드시 피드백이 필요하지만, 너무 과하면 직원들에게도 스트레스로 다가와 자신감을 잃는다. 외식업계에서 근무하는 이 직원들도 알고 보면 우리 자식들의 친구일 수도 있다. 우리와 친한 가족의 한 구성원일 수도 있으며, 이웃 주민일 수도 있다. 고객도 배려심이 필요하지만, 무엇보다 점주가 적극적으로 도와줘야 이들이 직업적인 어려움을 극복할 수 있다.

사례 3 과도한 요구로 유능한 점장 그만두다

상주에서 온 친구 모임으로 8명의 가족분들이 즐거운 식사를 하고 있었다. 어린아이에게 약을 먹인다고 직원에게 물을 요청하여, 급하게 직원이 물컵에 물을 따라 갔다. 그런데 조금 있다가 난리가 난 것이다.

물에서 이상한 냄새가 난다는 것이었다. 고객분은 이 물이 무엇이고, 인체에 무해한지 당장 밝히라고 따졌다. 야채를 씻을 때 사용하는 액체 원액+물 가 컵에 조금 튄 것 같다고 고객에게 자초지종을 설명하고, 함께 병원에 갈 것을 권했다. 그런데 고객은 어디에 전화하여 알아보더니, 병원은 내일 가도 되겠다고 했다. 아이를 병원으로 데려가 검사를 받게 하려고 119에 연락하여 앰불런스가 왔으나 고객들이 괜찮다고, 문제가 안 된다고 하면서 돌려보냈다.

식사 후 돌아갈 때 점장이 명함을 드리면서 내일 찾아뵙고 같이 병원에 가기로 약속을 했다. 직원의 불찰이므로 모든 음식값은 서비스로 처리했다.

다음 날 약속대로 점장이 찾아갔다. 그런데 고객은 어디다 알아보았는지, 어린아이가 성인이 될 때까지 문제가 발생하지 않도록 회사에서 책임을 져라, 만약 어떤 문제가 발생하면 책임을 어떻게 지겠다는 서류를 달라는 억지를 부리는 것이었다. 병원에도 안 가고 점장은 일방적인 피드백만 받고 돌아왔다.

회사에서 책임질 수 있는 사항은 책임져야 한다. 하지만 병원도 안 가고, 의사 소견도 들어 보지 않고 무리한 요구를 하다 보니 협의는 더 이상 진전을 볼 수 없었다. 그래도 1개월간은 계속 전화로, 집 방문으로 어린이의 건강 문제가 없는지 확인하고, 병원에 가서 검사를 받아 보자고 설득도 했지만 진행되지 않았다. 점장은 개인 돈으로 상품권을 준비해 방문하여 이해를 부탁하고, 병원 검사를 받길 유도해 보았지만 결국 타협점을 찾지 못했다.

보험사에도 알아보니 검사비와 위자료 조금 외에는 다른 방법이 없었다. 시간이 점점 흘러가고 이제 별다른 대응이 없자 고객이 점포로, 핸드폰으로 점장에게 연락을 하며 1시간에서 2시간씩 협박을 하기 시작하는 게 아닌가. 그래서 변호사를 통해 자문을 구하고, 보험사에서 고객에게 해줄 수 있는 것이 무엇이 있는지, 음식점에서는 도의적으로 고객에게 해줄 수 있는 것이 무엇인지를 정리하였다. 고객의 무리한 요구는 음식점의 의무나 책임 사항이 아니며, 점포로 전화하는 것은 영업방해에 해당되고, 점장을 괴롭히며 한 이야기는 협박으로 볼 수 있다고 했다. 결국 변호사를 통해 고객에게 공문을 보냈다.

그 이후로는 일체의 연락도 없고 점장을 괴롭히지도 않았지만 그 충격으로 점장은 머리카락이 빠지고, 정신과 치료를 받았으며, 결국 외식업을 그만두게 되었다. 10년간 외식업에 몸담으며 큰 꿈을 키워 왔는데 한순간 신입 직원의 실수와 고객의 그릇된 보상심리로 인해 인생을 송두리째 빼앗긴 것이다. 그 죄책감을 지금도 나는 느끼고 있다.

외식업은 항상 고객의 입장에서 생각하고, 고객만족을 위해 세심한 배려에 더욱 신경 써야 한다. 그러나 과도한 요구와 억지를 부리는 고객을 상대하는 것은 결코 쉬운 일이 아니다.

Chapter 2

그래도 나는
창업을 해야겠다

창업이라는 새로운 도전

그래도 나는 외식창업을 하겠다는, 아니, 할 수밖에 없다는 속사정이 있다면 창업을 해야 할 것이다.

젊은 층은 일자리를 구하지 못해서, 또는 하루라도 빨리 경제적 독립을 위해 창업을 선택할 것이다. 40~50대 이후는 조직에서 쫓겨나거나, 새로운 일자리를 구하지 못해 어쩔 수 없이 창업에 뛰어들 것이다. 대부분 가족의 생계를 위해 가장으로서 무엇이라도 해야 한다는 절박한 심정에서 어렵게 모은 돈을 가지고 시작한다. 그런데 충분히 공부하고 고민할 시간적 여유도 없이 창업을 준비하다 보니 승률이 나쁠 수밖에 없다.

이왕 창업을 하기로 결심했다면, 혼자서 모든 일을 다 해보겠다는 각오가 필요하다. 아무리 사전 준비를 철저히 하더라도 생각했던 것보다 할 일들이 많고, 새로운 문제도 자주 발생한다. 6개월에서 12개월 정도 직접 운영해 보면, 그때쯤엔 전문가가 되어 노하우도 쌓이고 마음의 여유가 생길 것이다. 이때부터 경쟁사 조사, 마케팅 공부 등을 통해 손익개선에 집중하면 된다. 이런 과정을 거쳐 다점포 운영 단계로 발전하고, 이것은 경제적 독립과 가족의 행복이 가까워지고 있음을 의미한다.

창업이란 어찌 보면 인생에 있어 새로운 도전이다. 대단한 용기를 가진 것이다. 실패할 확률도 높지만 그 과정 속에서 내가 얻은 가치가 더 큰 사업의 밑거름이 되기 때문에 굳이 두려워할 필요는 없다. 언젠가는 백종원 대표처럼 외식업의 대부가 되어 있을 것이기 때문이다.

그러므로 지금부터는 창업하는 분들이 되도록 시행착오를 겪지 않게 조금이나마 도움이 되는 방법을 제시해 보고자 한다.

"초보자는 프랜차이즈 창업을 고려해야"

나홀로 창업 ^{단독 창업}하는 경우는 그 분야 전문가들이 대부분이다. 창업 아이템에 대한 자신감 ^{메뉴 경쟁력}과 점포운영 능력을 가졌다고 생각하고 독자 브랜드로 창업한다. 투자비가 적게 들고 원가 경쟁력도 있기 때문에 '성공'은 모르겠지만 '망할' 확률이 낮다.

가끔 과욕이 화를 불러 실패하는 경우 ^{점포 대형화 + 본업 소홀}를 빼고는 '소·확·행'을 추구한다면, 또는 사회의 구성원으로서 열심히 일하며 사회에 기여한다고 생각한다면 나홀로 창업도 추천한다.

그러나, 예비 창업자들 대부분은 외식을 좋아하지만 외식업을 운영하는 데는 비전문가이다. 외식업은 집에서 가족을 상대로 조리하는 것이 아니라 점포에서 제3자인 고객을 대상으로 음식을 제공하고 돈을 버는 것이다. 그러므로 메뉴의 맛과 품질의 일관성 ^{레시피}은 기본이다. 고객을 대하는 언어와 행동에 매너 ^{서비스 체계}가 필요하며, 점포 내 위생과 청결에 신경 써야 한다. 그리고 식자재 또한 싱싱한 것을 저렴하게 구입하여 고객에게 제공하고, 가격 또한 경쟁업체보다 착하게 받는다면 어느 점포로 고객들이 가겠는가? 이런 단순한 것을 관리하고, 개선하고, 발전시키는 것이 외식 사업의 기본이다.

점포운영 노하우도 없고, 창업에 대해 사전 공부도 안 한 상태에서 도전하면 100% 실패한다. 이유는 실전 경험도 없고, 지식과 노하우도 없으며, 누가 도와줄 사람도 없기 때문이다. 그런 측면에서 프랜차이즈 가맹 창업은 유리한 점이 있다. 투자비 측면에서는 가맹본부의 수익이 포함되어 있기 때문에 나홀로 창업보다 비용이 더 들어간다. 그 대신 식자재 공급의 편리성, 점포운영 노하우 공유, 메뉴 및 서비스 교육 등이 초보자도 쉽게 할 수 있도록 시스템화되어 있다.

처음부터 맨땅에 헤딩하는 것은 정말 어리석은 일이다. 그러므로 프랜차이즈 가맹 창업을 통해 쉽게 점포운영 노하우를 습득하고, 발전시켜 점포 수를 확대하거나, 아니면 추가로 개별 브랜드를 만들어 또 다른 나홀로 창업을 하는 것이 더 낫다고 생각한다.

"서두르지 말고 철저하게 준비할 것"

과거 지인의 도움 요청으로 'Coffee & Grab' 점포운영에 직접 관여한 적이 있다.

브랜드명에서 느껴지듯 커피 전문점인데 햄버거를 판매했고, 커피 20%, 버거 70%, 기타 10% 정도로 구성되었다. 햄버거는 T/O 컨셉으로 출입구 쪽에 오픈 키친을 만들었지만, 너무 협소하였다. 전기그릴을 쓰다 보니 화력 부족으로 패티의 불맛 구현이 미흡했고, 동시에 사이즈가 작아 많은 양을 조리할 수 없었다.

"무엇이 문제였을까?"를 짚어 보면, 첫째, 비어 있는 점포부터 먼저 계약했고, 둘째, 한식을 전문적으로 운영하는 회사라 커피와 햄버거는 전혀 모르는 분야였고, 셋째, 메뉴 개발을 한식 조리사와 햄버거 브랜드에서 경험이 있는 직원이 담당했으며, 넷째, 구체적인 사업계획 없이 감으로 진행한 것이다. 시장조사를 통해 어떤 업종을 선택하여, 브랜딩하고, 마케팅할지가 중요한데 이런 디테일한 계획이 부족했다. 그에 따라 인력 및 투자^{자금운영} 계획이 나오는 데, 이런 걸 팩트로 정리하고 추진하는 점이 아쉬웠다.

빨리 오픈하는 것보다 어떻게 하면 생존할 수 있느냐를 고민하는 것이 더 중요하다.

입지를 보면 좌우에 '투썸플레이스'와 '커피빈'이 근거리에 있고, 맞은편에는 '스타벅스'와 '빌리엔젤'이 있는 곳에 커피 전문점을 오픈한다는 것을 어떻게 생각하는가? 그래서 다시 주변 상권을 조사해 본 결과 햄버거 브랜드가 없어, 'Grab Burger'로 변경하고, 〈생활의 달인〉에 나온 햄버거 장인을 망향휴게소까지 세 번 찾아가 기술제휴를 진행했다. 그리고 큰 사이즈의 강력한 그릴로 바꾸고, 커피 출신의 매니저를 레스토랑 출신으로 바꿨다.

그 결과 월매출이 4,500만 원으로 2배 이상 증가하였다. 물론 손익도 개선되었다. 제대로 된 메뉴 개발, 효율적인 식자재 관리, 직원 서비스 교육, 점포 청결 등을 통해 브랜드 이미지를 확 바꾸는 데 성공했다.

그렇지만 결국 운영자금 부족과 과도한 임대료로 지속된 적자를 견딜 수 없었다. 그래서 여유자금이 중요하고 반드시 필요하다고 하는 것이다. 만약 지금까지 계속 운영했다면 수제버거 전문점으로서 프랜차이즈 사업도 진행할 수 있었을 텐데 매우 아쉽다.

"창업 진행 순서 알아보기"

창업 진행 시 아래 순서대로 한다면 큰 문제는 없을 것이다. 다만 어떻게 운영하겠다는 세부계획서가 필요하다. 또 가용자금을 모두 투자하지 말고, 오픈 초기 장사가 잘 안 될 때를 대비해 여유자금을 반드시 챙겨야 한다. 그러지 않으면 투자한 모든 것을 날리게 될 뿐 아니라, 영업을 더 이상 유지할 수 없어 폐업밖에는 길이 없게 된다.

첫째, '우리 가족 외식창업 셀프 진단툴'을 통해 가족 전체가 모여 토론하면서 판단해 보자.

평가 결과 80점 이상이면 성공 가능성이 높지만, 그 미만이면 실패 확률이 더 높다. 이 테스트 결과 창업하는 것으로 결정하였다면 다음 단계로 넘어간다.

둘째는 업종 선택이다.

우리 가족이, 또는 창업하고자 하는 사람이 가장 하고 싶은, 또는 가장 자신 있는 분야를 선택해서 가족들과 상의 후 선택하면 된다. 경쟁력이란 게 멀리 있는 것이 아니다. 내가 잘할 수 있는 것 자체가 최고의 경쟁력이다.

셋째, 창업 방식을 선택하자.

나홀로 창업을 할 것인가? 아니면 인수 창업을 할 것인가? 아니면 프랜차이즈 가맹 창업을 할 것인가? 이 또한 가족들과 함께 협의 후 결정하도록 하자.

넷째, 브랜드를 선정한다.

창업하고자 하는 업종에는 다양한 브랜드가 있을 것이다. 인터넷이나 정보공개서를 찾아 각 브랜드별 경쟁력을 비교 분석하여 정리하자. 그리고 잘 알고 있는 상권부터 현장방문하여 실제 상황을 확인해 보고, 가족과 함께 브랜드를 정하도록 한다.

다섯째, 상권을 선정하자.

나홀로 창업 경우에는 내가 잘 아는 지역부터 출발한다. 주 고객층의 유동인구를 파악하는 것이 제일 중요하다. 이유는 구매력, 즉 시장 크기를 파악할 수 있고, 그에 따른 마케팅 계획도 세울 수 있기 때문이다. 프랜차이즈 가맹 창업 경우에는 본부에서 상권까지 직접 컨설팅해 주기도 하고, 창업자가 직접 나름대로 분석해서 정할 수도 있다.

문제는 그 상권 내에 경쟁 브랜드가 얼마나 있느냐이다. 향후 유동인구 변화가 있을지에 대해서도 세밀히 조사 후 정하도록 한다. 소상공인시장진흥공단의 상권정보시스템 sg.sbiz.or.kr/godo/index.sg에 로그인 후 들어가서, 창업하고자 하는 지역과 업종을 선택하면 자세한 상권분석 자료를 볼 수 있다. 이 자료를 근거로 반드시 현장을 방문하여 로드맵을 그리며 확인하고, 부동산 중개소를 찾아다니며, 주변에 일어나는 상권 변화에 대해 귀 기울여야 한다.

상권에 대한 사항은 별도로 뒤에서 살펴보기로 하자.

여섯째, 계약 절차 진행을 통해 오픈 준비!

나홀로 창업 경우에는 우선 임대인^{건물주}과 점포 계약을 통해 장사할 곳을 확보하고, 사전 수립한 계획에 따라 인테리어 업체와 주방기기 업체를 선정하여, 매장 설계를 한다. 그리고 시공을 진행하면서, 동시에 식자재 업체와 물류 관련 협의 후 계약한다. 직접 식자재를 마트나 새벽시장 등에서 구매해도 된다.

그리고 필요한 인력을 지인 추천이나 인터넷 구인구직 사이트를 통해 채용한다. 오픈 전에 기기조작에 대해 충분히 연습하고, 메뉴도 레시피대로 조리해 보고, 직원 서비스^{특히 POS 사용법 - 주문/취소/결제 등} 교육도 철저히 해야 한다.

프랜차이즈 가맹 창업의 경우에는 사전에 가맹본부 담당자의 도움을 받아 마스터플랜^{가맹 계약에서 오픈할 때까지의 세부 진행사항 및 일정}을 세워서 일정별로 관리하면 불안하지 않고 자신감 있게 준비할 수 있다. 애로점이 있을 경우는 가맹본부 담당자와 상의하면 적극적으로 도와줄 것이다.

Chapter 3

우리 가족 외식
창업 진단하기

외식창업 셀프 진단툴

　대부분 외식업에 대한 환상을 많이 가지고 있다. TV나 SNS에 나오는 이름난 맛집의 주인장이나 유명한 셰프가 나와 인터뷰하는 것을 보면서 누구나 창업하면 대박을 낼 것 같은 기분이 든다. 그러나 현실은 냉혹하다. 자신이 모르는 분야는 쉽게 생각해서는 안 된다.

　외식창업의 첫 단추는 '나와 우리 가족의 정확한 상태 또는 현상 파악'부터 시작해야 한다. 내가 지금 어디에 서 있는지 알아야 구체적인 로드맵을 그릴 수 있다. 그래서 외식업에 진출하기 전에 우선 본인의 적성과 우리 가족이 처한 상황을 정확하게 평가해 보고 결정해야 한다.

　나의 오랜 외식사업 경험을 통해 업계 최초로 만든 '우리 가족 외식창업 셀프 진단툴'을 통해 창업에 대한 준비 상태를 점검하고, 부족한 부분을 찾아 보완했으면 한다. 그리하여 100% 성공 가능성을 확신할 때, 평생 모은 피 같은 돈을 투자해 창업했으면 하는 바람이다.

"나는 외식업에 적합한 사람인가?"

여기서 소개하는 진단툴의 목적은 외식창업에 대한 진입장벽을 높여, 100% 성공하게 만드는 것이다.

누구나 돈만 있으면, 또는 무엇이라도 해야 되는데 마땅히 할 게 없을 때 가장 쉽게 생각하는 것이 외식창업이다. 이렇다 보니 대부분 창업에 실패하여 소중한 재산을 잃어버린다. 그런 것을 조금이나마 막기 위한 허들이라고 생각하고, 신중하게 체크해 보기 바란다.

항목들마다 가중치가 있지만 그래도 평균 80점 이상이면 외식업에 진출해 성공할 가능성이 있다고 본다. 그렇지 않으면 외식창업에 대해 되도록 꿈도 꾸지 말았으면 좋겠다는 생각이다. 아니면 시간을 가지고 부족한 부분을 보완하거나 개선한 뒤에 창업하더라도 늦지 않다. 성공한 사람들은 절대 서두르지 않는다. 조급한 마음은 판단력을 잃게 하기 때문에 충분한 여유를 가지고 준비하자.

서두를수록 성공보다는 망할 확률이 높다는 것을 명심했으면 좋겠다.

[외식창업 셀프 진단툴]

각 항목별 객관적으로 평가기준에 맞게 체크해야만 정확한 현상 파악이 가능하다.

평가항목	가중치	평가기준					본인 평가 점수
		아니다	약간 아니다	보통이다	그렇다	매우 그렇다	
① 나의 이미지가 외식업과 잘 어울리는가?	5점	1	2	3	4	5	
② 외식업에 대한 관심과 흥미가 있는가?	5점	1	2	3	4	5	
③ 고객에게 서빙하는 것이 즐겁게 생각되는가?	10점	2	4	6	8	10	
④ 새벽에 식재료를 직접 구매하는 데 관심이 있는가?	10점	2	4	6	8	10	
⑤ 고객/직원/거래처와 소통하고 친근감을 느낄 수 있는가?	10점	2	4	6	8	10	
⑥ (프랜차이즈 창업) 주방에서 직접 조리 가능한가? (단독 창업) 메뉴의 독창성이 있으며, 직접 조리 가능한가?	15점	3	6	9	12	15	
⑦ 육체적·정신적으로 건강한가?	10점	2	4	6	8	10	
⑧ 투자 여력이 있는가? (오픈 후 6개월간 운영 자금)	15점	3	6	9	12	15	
⑨ 가족과 상의하여 동의를 얻을 수 있는가?	10점	2	4	6	8	10	
⑩ 점포운영 노하우에 대해 관심이 있는가?	10점	2	4	6	8	10	
계	100점						

코로나 이후 외식업의 인력난 심화, 품질에 대한 중요성 인식, 그리고 통제 불가능한 변수 증가로 사업의 영속성 측면에서 가중치를 둔 점을 밝히며, 각 항목이 의미하는 것이 무엇인지 알아보자.

❶ 나의 이미지가 외식업과 잘 어울리는가? ─서비스/고객만족

외식업의 특징은 모두 사람으로 구성되어 있다는 것이다. 손님도, 직원도, 점주도 사람이기 때문에 서로가 좋은 이미지로 만나야 음식도 맛있고, 기분도 좋아진다.

요즘 키오스크, 테이블오더, 핸드폰 등으로 주문하고 결제하는 매장이 많아 비대면에 익숙한 고객들이 증가하고 있다. 하지만 어느 순간이든 한 번은 고객을 만나야 한다. 그러므로 고객 접점에서 일하는 우리는 고객에게 첫인상을 구기면 안 된다. 단정한 외모, 깨끗한 옷차림 등으로 항상 밝고 명랑한 인상을 심어 줘야 고객만족에 더 유리하다는 뜻이다.

덥수룩한 수염에 머리도 안 감고 얼굴에 칼자국이나 멍 자국, 몸에 깊은 문신이라도 있다면, 게다가 인상까지 쓰며 거친 말투로 고객을 대한다면 어찌 되겠는가? 만약 재방문할 일이 있다면 우리 가게로 오겠는가? 또 주위 지인들에게 추천하겠는가? 우리 주변에

는 친절하고 맛있는 음식점이 너무 많기 때문에 깊이 고민해 봐야
할 문제다.

❷ 외식업에 대한 관심과 흥미가 있는가? ─품질/서비스

SNS를 통해 맛집 방문 경험을 자랑하는 문화가 일반화된 상태
에서 외식에 아예 무관심한 사람은 거의 없을 것이다. 그러나 여기
서 말하는 관심은 단순히 제3자의 입장에서 가족과 친구들과 동료
들과 또는 혼자서 인터넷 추천 맛집이나 유명한 달인의 집을 다니
며 즐겁게 맛보고 평가하는 정도를 말하는 것이 아니다. 외식업을
본인의 또는 우리 가족의 생업으로 삼고 메뉴를 개발하고 품질이
나 서비스 수준을 개선·발전시킬 수 있는 열정을 의미한다.

우리 인간은 누구나 맛있는 음식을 먹는 것을 좋아한다. 하지
만 자신이 직접 음식을 만들어 고객에게 제공하는 일을 평생 한다
면 쉽지 않다. 똑같은 일을 몇 년에서 몇 십 년 동안 한 공간에서 한
다고 생각하면 보통의 관심이나 흥미로는 극복하기 어렵기 때문
이다.

❸ 고객에게 서빙하는 것이 즐겁게 생각되는가? ─서비스/고객만족

배달 전문점이 아닌 이상 고객 접점에서 종종 고객 컴플레인은
발생한다. 이럴 땐 심리적 모멸감을 느끼는 경우도 많다. 어떤 대
표는 부하직원의 직언에 모멸감을 느꼈다며 그 직원을 해고하는

경우도 있는데, 고객으로부터 받는 불평·불만이나 비합리적인 요구사항을 접하게 되면 정신적 충격을 받을 수도 있다.

고객이 우리 매장을 방문할 때, 1) 물을 제공하고, 2) 주문을 받고, 3) 메뉴가 완성되면 해당 테이블로 들고 가서 메뉴를 제공한다. 이 과정에서 고객의 행동이나 말투가 비이성적이거나 몰상식한 경우에는 서비스를 제공하는 사람도 스트레스를 받게 된다. 외식업을 하려면 이런 것도 감내하면서 즐겁게 받아들여야 하는데 성격상 맞지 않는 사람들이 있다.

예를 들어 한 테이블에서 다양한 메뉴를 주문했을 때는 고객마다 주문한 메뉴를 피벗테이블Pivot Table 방식으로 제공하면 좋다. 어떤 한 사람을 기준으로 시계방향으로 주문한 메뉴를 기억해 두고 그 앞에 음식을 제공하는 것이다. 그런데 요령이 부족하여 테이블에 음식을 아무 데나 놓다 보면, 고객이 옮기면서 불평을 하기도 하고, 또는 뜨겁다고 찌푸리기도 하는데 이런 것도 다 참을 수 있어야 한다. 최근에는 태블릿PC를 설치하여 테이블에서 셀프 주문하고, 카드 결제까지 손님이 직접 하며, 서빙을 로봇이 하는 곳도 많아져서 한결 수월해지기는 했다. 앞으로는 서빙 중에 스트레스를 받는 일은 많이 줄어들 것 같다. 그러나 단골 고객을 유치하기 위해서는 고객과의 접점에서 응대를 많이 하는 것이 좋고, 또 기억에 남는 퍼포먼스가 필요하다. 그러므로 항상 웃으며 소통하는 연습을 해야 한다.

❹ 새벽에 식재료를 직접 구매하는 데 관심이 있는가? ─품질/원가

식재료가 그만큼 중요하다는 뜻이다. 신선한 식재료는 메뉴의 품질과 연관되어 있고, 식재료의 가격은 원가에 영향을 미치기 때문에 오너들은 직접 새벽에 가락시장이나 수산시장을 방문하여 식재료를 직접 보고 구매하는 경우가 대부분이다. 이는 품질을 최고로 생각하는 셰프의 정신이다. 품질에 영향을 조금이라도 끼치는 어떤 요인과도 타협하지 않겠다는 오너의 품질 제일주의 정신으로 볼 수 있다.

요즘은 식자재를 공급해 주는 인터넷 플랫폼들이 많이 생겨났다. 유통 비용을 낮춰 합리적인 가격에 공급하는 스타트업 기업들이 많다. 이를 통해 식자재를 매일 공급받아도 문제는 없지만, 내 눈으로 직접 보고 선택하는 것이 아니기 때문에 그만큼 자신감이 떨어진다고 볼 수 있다.

품질과 원가는 구매량이나 종류에 따라 변동성이 높은데, 어느 정도 경험이 쌓이면 자연스럽게 상황에 맞게 경쟁력 있는 선택을 할 수 있게 되니 너무 걱정하지는 않아도 된다.

❺ 고객/직원/거래처와 소통하고 친근감을 느낄 수 있는가? ─품질/ 고객만족/이직률

사람마다 자신만의 생활 스타일이 있다. 그러나 외식업은 '사람'으로 구성되는 일이기 때문에 그 어떤 분야보다 인성이 중요하다.

메뉴에 대해 충분한 지식을 가지고 고객에게 다가가 친근감 있게 대화를 나누다 보면 충성고객도 생기고, 문제점도 들을 수 있다. 직원들과도 점포운영에 대해 허심탄회하게 이야기하다 보면 더 좋은 아이디어를 얻을 수 있고, 분위기가 좋아져서 퇴사율도 낮출 수 있다. 이직률은 메뉴의 품질 그리고 고객에 대한 서비스와 연관되기 때문에 가능한 한 최소화하도록 해야 한다.

거래처와의 소통은 많은 정보 식자재 수급 상태, 가격 변동, 요즘 트렌디한 아이템 등를 얻을 수 있고, 주변 상권에 대한 변화 폐업이나 신규 오픈, 어디가 잘되고 무엇이 잘 팔리는지 등도 알 수 있으며, 급할 때는 여러 가지 도움을 받을 수 있다. 특히 다른 거래처보다 더 좋은 품질의 식자재를 공급받을 수도 있기 때문에 항상 신뢰를 쌓는 데 최선을 다해야 한다. 이런 상황을 고려할 때 외식업은 내성적이고 소극적인 사람보다 외향적이고 적극적인 성격이 더 유리하다.

❻ 주방에서 직접 조리 가능한가? ─품질/비용/차별성

코로나로 인해 외식업에서 인력난이 가중되었다. 심지어 인건비까지 올라 외식 자영업자들은 죽을 맛이다. 그러므로 창업의 전제 조건은 '기본적인 메뉴는 본인이 직접 할 수 있어야 한다'는 것이다. 최근에는 주방 직원을 구하기가 더 어려워졌고 이직도 많기 때문에 급하면 본인이 직접 조리를 할 수 있어야 한다. 그래야 맛과 품질을 유지할 수 있고, 임시휴업이라는 사태를 막을 수 있다.

만약 조리가 불가능하면 조리사나 주방직원에게 끌려가야 하고, 그러다 보면 그들의 요구사항을 다 들어줘야 한다. 이것은 곧 비용 상승으로 이어져 사업의 안정성을 해치게 된다. 특히 중식 경우에는 셰프의 영향이 절대적이다. (주)동산IFS에서 중식 '라오베이징'종로점/도곡점/일산점/청담점 등 점포 내 주방 셰프를 구하지 못해 폐점한 경험이 있다. 중식 경우는 레시피화되어 있지 않고 그들만의 노하우 전수로 일반인들이 메뉴를 쉽게 만들 수가 없다.

아무튼 이가 없으면 잇몸으로 할 수 있도록 본인이 조리 실력을 갖춘 상태에서 주방 사람을 채용하여 운영한다면 전혀 문제가 되지 않는다. 창업 전 조리사 자격증이나 바리스타 자격증을 취득하면 향후 점포 확대할 때 유리하다.

❼ 육체적 · 정신적으로 건강한가? —안정성/지속성

외식업은 육체노동이 70~80%라고 보면 되는 사업이다. 아침부터 밤까지 보통 10시간 이상은 서서 일하게 된다. 그래서 체력적으로 건강해야 이 일을 시작할 수 있다.

그리고 이해관계가 다른 다양한 고객들, 직원 및 거래처를 상대하기 때문에 정신적으로도 스트레스가 많은 편이다. 특히 최근에는 고객의 요구 수준이 까다로워져 만족시키기가 쉽지 않으며, 직원 또한 의무보다는 권리만 찾다 보니, 건강한 사고를 가진 이들도 쉽지 않은 게 외식업이다. 고객들의 '먹튀' 같은 경우를 당하면 정신적 충격은 물론 사람에 대한 마인드 자체가 달라진다. 그런 것이 쌓이다 보면 외식업을 오래 운영하기가 힘들어진다.

그러므로 외식업에 일하는 사람은 국민건강보험에서 2년에 한 번 하는 정기적인 건강검진을 꼭 받아 자신의 건강에 대한 빅데이터를 만들어야 한다. 그리고 틈날 때마다 가족들과 즐거운 시간을 보내는 것이 좋다. 집에서 쉴수록 몸과 마음은 더 망가진다. 그러므로 가까운 곳이라도 산책하며 여유를 찾으면서 기분 전환도 하고, 미래에 대한 희망과 꿈을 꾸는 것이 더 건강해지고 성공할 수 있는 방법이다.

❽ 투자 여력이 있는가? —품질/고객만족/사업지속성

메르스나 코로나처럼 통제할 수 없는 영업환경이 닥친다면 여유자금이 없는 경우 바로 폐업할 수밖에 없다. 내가 아무리 노력해도 극복할 수가 없기 때문이다.

보통 1~2개월 정도는 오픈 판촉 영향으로 자금회전이 될 수 있다. 그런데 대부분 판촉 뒤에는 매출 자체가 서서히 떨어지기 때문에 고객의 재방문 기간을 극복하기 위해서는 여유자금이 꼭 필요하다. 식자재비, 인건비, 임차료 등 필수 운영자금을 최소 6개월 이상 조달할 수 있어야 한다는 의미이다. 만약 그런 자금이 없다면 하루아침에 문을 닫아야 하는 상황이 되는데, 전 재산을 투자해 창업한 입장에서 너무 억울한 일이다.

특히 특수상권인 공항, 고속도로 휴게소, KTX 역사, 대형쇼핑몰 내에서 창업하는 경우는 더 많은 여유자금이 필요하다. 대부분 위탁사가 자사 POS^{Point of Sales} 시스템을 사용하게 하여 매출액 자체를 그들이 가져간다. 여기에서 수수료^{임대료+기타관리비 등}를 차감한 금액을 입금해 주는 시스템이다. 대부분 당월 1~31일간 발생한 매출 대금을 익월 15~20일 사이에 입금해 준다. 자금이 길게는 50일 묶이는 셈이다.

코레일이 운영하는 KTX 역사 내 점포는 그나마 합리적인 편이다. 당월 1~15일 사이 발생한 매출은 수수료를 차감한 금액을 당월 20일에 송금해 주고, 당월 16~31일 사이 발생한 매출 대금은 익월 15일에 송금해 준다. 물론 여기도 길게는 1개월 정도 자금이 묶인다고 볼 수 있다. 물론 일반상권에서는 그렇지 않기 때문에 위의 경우는 특수상권에 오픈할 경우에 참고하여 추가 자금을 준비하면 된다.

자금이 부족하면 제일 먼저 하게 되는 일이 직원을 해고하고 오너나 그의 가족이 직접 주방에서 또는 홀에서 일하는 것이다. 인건비라도 아끼기 위해서다. 그러나 이는 메뉴 품질의 일관성을 해치거나, 서비스 질의 저하로 고객불만을 가중시켜 더 빨리 폐업하도록 만드는 원인이 되기도 한다. 두 번째는 품질이 떨어지는 식자재를 사용하는 것이다. 그러나 고객의 입맛은 데이터화되어 머릿속에 저장돼 있기 때문에 저급한 식자재를 사용하는 경우 금방 알아

채고 발길을 끊는다.

그러므로 만약 가족의 도움이 필요할 때는 처음부터 중요한 역할 _{조리/서비스}을 맡기는 것이 좋다. 아니면 충분한 조리 실습과 매뉴얼대로 철저한 교육을 시킨 뒤에 메뉴의 맛 테스트 또는 롤플레이를 시켜 보라. 그래도 문제가 없을 경우에만 투입하는 게 적절하다.

이번 코로나 경우에는 3년 이상 매출에 영향을 미쳤기 때문에 자영업자 대부분이 보증금과 자신의 재산을 다 소진하고 빚더미에 앉은 상태이다. 향후 그들의 50% 이상은 옛날로 돌아갈 수 없을 것 같아 마음이 아프지만, 그래도 코로나 엔데믹 이후 많이 회복되고 있다니 다행이다. 경기가 회복되고 건물주의 횡포만 없다면, 앞으로 2~3년 뒤쯤은 충분히 정상화될 것이라 기대한다.

❾ 가족과 상의하여 동의를 얻을 수 있는가? —사업안정성

전 재산을 투자하는 일이니만큼 가족의 동의는 반드시 필요하다. 대부분 가장만 쳐다보고 있는데 몰래 창업을 한다는 건 불가능하다.

과시형 창업 _{직접 일선에서 몸으로 뛰는 게 아니고, 관리자를 두고 그를 통해 운영하는 스타일}은 돈이 받쳐 주기 때문에 가족과 모든 것을 공유하지 않아도 가능할지 모른다. 이는 사회적 위치가 목적이지, 돈벌이가 주목적이 아니기 때문이다. 그러나 생계형 창업 _{인건비를 아끼기 위해 직접 일선}

에서 직원들과 함께 일하는 스타일은 다르다. 가족의 생존권과 연결되어 있고, 경우에 따라 급한 상황에서는 가족의 도움이 필요하기 때문에 창업 전에 반드시 동의를 구해야 한다. 8번 항목에서 말한 것처럼 인건비나 인력난 때문에 직원 대신 가족이 사업을 도울 일이 많다. 또 창업이 잘못되면 가정이 파괴되거나, 가족 구성원들이 고통 속에 보낼 수 있으므로 반드시 가족의 허락을 받고 진행해야 한다.

소규모 창업은 대부분 부부나 가족들이 함께하는 경우가 많다. 그럴수록 가장이라고 내 생각만 앞세우지 말고 가족들과 함께 공부하고 공유하여 의견 수렴하는 것이 중요하다. 창업자들 90% 이상이 창업 세미나 같은 교육도 받지 않고, 외식창업 전문가와 상담도 하지 않고, 그리고 책을 사서 공부도 안 하고, 주위의 '~카더라'만 듣고 자기 뜻대로 하는데 그들 대부분은 사업에 실패한다. 눈에 콩깍지가 씌어 보이지도 않고, 들리지도 않기 때문이다. 그러므로 반드시 가족의 다양한 의견 수렴과 동의가 절대적으로 필요하다.

❿ 점포운영 노하우에 대해 관심이 있는가? —고객만족/손익

대부분의 예비 창업자들은 조직적이고 합리적인 마인드가 부족하며, 게다가 POS 시스템을 통해 쌓인 데이터를 활용하는 방법을 모른다. POS 시스템은 부가세를 포함한 제품이나 메뉴 가격을 계산하고, 해당 품목이 판매되었음을 표시해 준다. 시간대별 어떤 품목이 얼마나 판매되었는지, 요일별·월별 판매 현황 및 고객수 등도 알 수 있다. 이런 데이터를 정리하고 분석해서 자신의 점포 현상을 이해하는 능력도 미흡하고, 점포운영 노하우에도 관심이 없는 경우가 많다.

단순히, 특별한 메뉴로 가게를 오픈하면 고객들은 올 것이고, 정성껏 만들어 제공하면 맛있게 드시고 가서 다음에 또 올 것으로 생각한다. 원가의 개념도 부족하고, 위생 및 청결에 대한 의식이나 법적 지식도 없으며, 특히 고객 서비스에 대해서는 너무 무지한 게 현실이다. 그리고 손익이라는 개념도 없이 오로지 감으로 운영한다. 프랜차이즈 가맹 창업자들도 마찬가지다. 점포개발 담당자나 SV 말만 믿고 오픈하면 그들의 말처럼 돈을 벌 수가 없는 게 현실이다.

요즘은 창업에 대한 실무 관련 책들이 많다. 최소한 다섯 권 정도 읽어 보고, 공부하면 대략 알 수 있다. 문제는 본인의 노력이다. 나홀로 창업이든, 프랜차이즈 가맹 창업이든, 점포운영에 대한 기본지식이 부족하고 어떻게 점포를 운영해야 되겠다는 경영 마인드 자체도 없다 보니 오픈 이후 내리막길을 걷는 경우가 대부분이다. 최소한 기본적인 지식, 즉 QSCH 체크시트, 영업일지, 재고조사, 식자재 발주, POS 사용 등도 모르는 점주들이 어찌 돈을 벌겠는가. 그런 수준까지 갈 수 없다면 차라리 창업을 하지 않는 게 낫다.

점포도 하나의 사업체인데 어떤 점주들은 자기 것이라고만 생각하고, 돈이 필요하면 캐셔에서 그냥 꺼내 쓰고, 지인이나 가족들이 오면 포스팅도 없이 메뉴를 주문해서 먹고, 결제도 안 하다 보니 원가나 식자재 로스가 얼마나 되는지도 파악하지 못한다. 이런 단순한 것도 무시하는데 어찌 문제점을 개선할 수 있겠는가.

우리나라에서는 이런 소상공인 대상 교육을 해주는 곳도 별로 없고, 받아 볼 생각도 안 하고, 또 중요하게 생각하는 창업자들도 없다. 그들은 교육비가 아깝다고 생각한다. 가맹 창업 시 점포운영에 대한 매뉴얼 교육이 있지만, 심지어 어떤 창업자들은 본인이 교육을 받지 않고 직원을 보내는 경우도 있다. 이러면 시간이 갈수록 점포운영 상태가 엉망이 된다. 자신의 소중한 재산을 투자한 점주로서 수익을 창출해야만 사업을 지속 운영할 수 있는데, 점포운영에 대한 공부는 안 하고 직원들만 믿고 맡기는 경우는 나중에 큰 곤란을 겪을 수밖에 없다.

외식업의 가장 중요한 원칙은 메뉴의 맛과 품질이다. 이것을 비용 때문에 타협하는 순간 바로 고객들은 등을 돌린다는 것을 명심해야 한다. 그다음은 매출인데, 경쟁사나 인근 점포의 판촉에 대한 대응 방안을 고민하고, 매출을 유지하기 위해서는 무엇을 해야 할지 아이디어를 짜야 한다. 그리고 원가 측면에서는, 메뉴별 원가도 파악해야 하고, 식자재 로스가 없는지도 체크해 봐야 한다. 인건비 측면에서는, 시간대별·요일별 매출을 고려하여 정직원과 아르바이트의 근무시간 계획을 세워 보고 인건비를 최소화하는 방안을 모색해야 한다.

　그리고 주방장비나 시설물의 유지 비용을 줄이는 것도 중요하다. 그러기 위해서는 매일매일 청결하게 관리하고, 각 기기에 대해 간단한 A/S는 현장에서 점주가 직접 처리할 정도로 사전지식을 가지고 있어야 한다. 업체를 통해 해결하려면 이것도 돈이기 때문이다. 그렇지 못한 경우에는 M/T^{Maintenance, 유지/보수} 업체를 통해 진행하면 되는데, 아무튼 점주는 하나에서부터 백까지 다 알아야 비용을 줄일 수 있다는 것을 명심하자.

　창업하기 전 우리 가족의 현재 상태를 파악하는 것에 중점을 두고 체크해 보기 바란다. 절대적인 기준은 없다. 모든 것을 뛰어넘을 나만의 무기를 개발할 수도 있을 것이다. 그러나 외식업에서 어려움을 많이 느꼈던 이들의 점수를 보면 80% 이상이 60점대였다는 것을 참고하기 바란다.

진단 결과
　평가점수 합계가 90~100점이라면 외식창업에 가장 적합한 사람이라고 할 수 있다. 외향적이고 사교적인 품성은 타고나기 때문에 후천적으로 바꾸기가 어렵다. 그리고 자신이 직접 조리할 수 있다면 외식인으로서 최고의 컨디션이다. 혹시 모를 불경기나 매출 부진 상황에서 6개월 이상 운영자금을 융통할 수 있다면 금상첨화다. 이런 이들은 충분한 시장조사와 공부를 한다면 반드시 성공할 수밖에 없다.

평가점수 합계가 80~90점대가 나오는 이들은 대부분 직접 조리를 하기는 부담스럽거나, 여유자금이 조금 부족한 경우일 것이다. 또는 내부고객^{직원/거래처 등}과 외부고객^{손님}에게 친근하게 접근할 수 없는 소극적인 성격의 소유자일 수도 있다. 이런 경우는 시간을 조금 두고 부족한 부분을 보완한 뒤에 도전하는 것이 좋을 것 같다.

평가점수 합계가 70~80점대도 아마 문제가 되는 부분은 여유자금 유무, 타인과 즐겁게 대화를 나눌 수 있는 성격 여부, 내가 직접 조리할 수 있는지 여부^{특히 나홀로 창업 경우 메뉴가 경쟁사 대비 독특한 무기인지 아닌지를 파악하는 게 중요하다}일 것이다. 또 하나는 점포운영에 대한 자신감 유무이다. 프랜차이즈 가맹 창업 시는 자금과 본인의 성격 문제 빼고는 거의 모든 것이 해결되기 때문에 크게 걱정하지 않아도 된다. 그러나 자금 부분이 해결될 때까지는 창업을 서두르지 말고 기다리는 것이 좋겠다. 특히 요즘 같은 불경기와 고금리 시기에는 외식업 자체가 침체되기 때문에 무리한 투자는 화를 불러올 수 있다는 점을 명심하자.

평가점수 합계가 70점대 이하는 여러 문제점이 있겠지만, 차라리 다른 업종을 검토하는 것이 좋을 것 같다. 외식업은 정말 경쟁이 치열하기 때문에 처음 시작할 때 디테일한 준비가 필요하다. 잘못되면 하늘이 무너질 수도 있기 때문이다. 미흡한 부분은 내가 안 되면 우리 가족이 보완할 수 있을 때까지 기다리고 또 기다려서 시작해도 늦지 않다는 것을 잊지 말자. 자신이 판단하기 어려우면 유명한 맛집이나 장사가 잘되는 여러 가게를 가족과 함께 다니며 평가를 해보라. 분명히 그 차이를 느낄 수 있을 것이다.

"창업 사례 분석"

다음은 '우리 가족 외식창업 셀프 진단툴'을 적용해 본 사례들이다. 창업 전 상태를 진단툴의 10가지 기준으로 인터뷰를 통해 파악한 것이다. 메뉴 조리, 점포운영 노하우, 직원과의 소통, 이미지 개선 등 문제점을 어떻게 보완해서 창업해야 하는지 참고할 수 있을 것이다. 상황을 100% 오픈할 수 없다는 점은 양해 바란다.

외식창업의 방법에는 크게 세 가지가 있다. 나홀로 창업, 인수 창업, 프랜차이즈 가맹 창업이다. 각 창업 방식에 따른 창업 사례를 통해 배울 점이 무엇인지 파악해 보자.

나홀로 창업① : 커피 전문점^{서울}

Point: 메뉴의 독창성 부족과 입지 선정 문제

- 투자비 1억3,000만 원(대출 0원)
- 감가상각 116만 원
- 수익 -16만 원(적자)

남편은 회사원으로 고정수입이 있는 상태에서, 아내가 과거 커피전문점을 운영한 경험을 살려 강남 상권에 자체 브랜드로 도전한 경우다. 집에 있는 것보다 소일거리라도 하면서 사회생활을 하고 싶은 심정으로 시작했다. 1층 20평 규모로 투자비는 권리금 3,000만 원, 보증금 3,000만 원, 인테리어/집기 7,000만 원 등이다.

매출 월평균 1,000만 원,

원가율 25%(커피 및 생과일 음료 위주 판매),

인건비율 20%(직원 2명),

임차료 35%(월세 350만 원),

기타 관리비 10% 정도로,

수익률 10%, 월 100만 원 정도이다. 여기에 감가상각비를 고려하면 16만 원 정도 오히려 적자다.

선릉역 뒷골목이지만 강남 상권이라 임차료가 매출 대비 너무 높은 게 문제이다. 그리고 영업일수도 22일^{월~금}이며, 주말과 공휴일은 유동인구가 거의 없어 영업을 하지 않고 있는 상태다. 운영시간 또한 오전 8시에 시작해 오후 7시까지만 한다. 저녁에는 손님이 거의 없기 때문이다. 코로나가 끝나면 매출이 좋을 것으로 기대하고 시작했는데, 막상 코로나가 끝났는데도 직장인들 라이프스타일이 많이 변해 저녁과 주말에는 손님을 찾아볼 수가 없다고 한다.

동탄에서 강남까지 출퇴근하는 것이 너무 힘들어 건강도 나빠졌다고 한다. 장사가 잘되면 신이 나서 피로감도 느끼지 못할 텐데 적자가 나니 더 피곤한 것이다. 올해까지 운영해 보고 개선의 기미가 없다면 폐점이든, 양도하든 결정을 하겠다고.

일반적인 메뉴로 대출 없이 나홀로 창업한 경우다. 브랜드 파워도 없고, 이 점포에 와서 마셔야 하는 독창적인 그 무엇도 없는 상태다. 그렇다고 가격적인 메리트도 없는 상황에서 누가 뒷골목까지 찾아오겠는가? 코로나 전에는 어떤 상황이었는지 모르겠지만, 코로나 상태에서 창업한 것은 무리한 결정으로 볼 수 있다.

임차료는 30일 기준인데 영업은 22일만 한다면 입지 선정의 잘못이 가장 크다. 그리고 출퇴근 시간이 너무 소요되는 것도 문제이므로 하루빨리 양도하는 것이 유리하다. 고객들은 한번 방문했는데 문이 닫혀 있으면 다시는 안 가는 경향이 많기 때문에, 주말이든 공휴일이든 오픈하는 게 향후를 위해서도 좋고, 양도를 하더라도 유리하다고 생각한다.

사례 2 **나홀로 창업② : 파스타 전문점**창원

Point: 메뉴 독창성과 점포운영 노하우 부족

- 투자비 4억1,000만 원(대출 1억5,000만 원)
- 감가상각 + 대출이자 245만 원
- 수익 140만 원

요리에 관심이 많은 주부로서 30평대 파스타 전문점을 창업한 경우다. 가족의 도움으로 코로나 팬데믹 이전에 오픈한 점포로, 어려운 시기를 극복하고 지금은 조금씩 매출이 호전되는 상태라고 한다. 투자비는 좋은 상권이라 권리금 2억 원, 보증금 1억 원, 인테리어/기기 외 1억1,000만 원 등이다.

매출 월평균 3,500만 원,
원가율 40%,
인건비율 24% 정도(직원 6명),
임차료 13%(월세 462만 원),

기타 비용 12% 정도로,

수익률 11%, 월 385만 원이다. 감가상각비와 대출이자를 고려하면 140만 원 정도 이익이다.

점주가 고객 접점인 홀에서 서비스를 담당하다 보니 단골 고객 유지와 컴플레인이 없다는 게 장점이다. 그러나 코로나 전에는 유동인구가 많은 상권이었지만 지금은 매출부진으로 수익창출이 쉽지 않다고 한다. 수입 식자재 구성 비율이 많아 원가율이 높고, 매출부진으로 임차료 또한 큰 부담이다. 그렇다고 가격인상을 할 수도 없어 매출만 회복되기를 바라고 있는 상태다. 권리금이라도 제대로 받을 때까지 운영하겠다는 점주님의 말씀이 속상하다.

파스타 면 자체는 수입 식자재를 사용하는 게 원칙이지만, 원가율이 높다는 것은 이해하기 어렵다. 메뉴별 레시피를 확인하여 정량으로 제공되는지 확인해 볼 필요가 있다. 그리고 종류가 너무 다양한데 ABC분석 _{메뉴별 매출액 구성비를 정리한 후 구성비 기준 1위부터 누계 80%까지는 A군, 81~95%까지는 B군, 나머지 5%는 C군으로 나눠 주기적으로 메뉴 검토를 쉽게 할 수 있는 방법}을 통해 메뉴에 대해 In&Out _{도입/삭제}을 하면 원가도 개선될 수 있다. B군이나 C군 메뉴 중 인기 없는 메뉴는 삭제하고 새로운 메뉴를 도입한다면 고객에게 신선함을 제공할 수 있다.

개인 매장의 문제점은 셰프가 아닌 이상 독자적인 메뉴 개발이 어렵고 벤치마킹에 의존한다는 것이다. 그렇다 보니 고객들이 점점 줄어드는 경향이 많다. 최근 지인의 도움으로 신메뉴도 도입하고, 요일별 이벤트 메뉴를 운영하여 고객이 증가하고, 버려지는 식자재도 많이 줄었다고 한다. 그리고 원가를 고려한 가격인상으로 손익도 개선되고 있다고 한다. 매출이 코로나 이전 상태로 회복될 때까지 비용을 최소화하면서 매수자를 기다리는 방법뿐이다.

사례 3 인수 창업① : 햄버거 프랜차이즈시흥

Point: 직원들과의 소통 문제와 점포운영 노하우 부족

- 투자비 3억9,500만 원(대출 2억 원)
- 대출이자 83만 원
- 수익 797만 원

직장생활을 오래 한 분으로 인생 2막으로 무슨 일을 할 것인가를 1년간 고민한 끝에 50평 규모의 기존 프랜차이즈 가맹 점포를 인수한 경우다. 투자비는 권리금 + 기존 투자설비시설/인테리어에 대한 인수대금 2억4,000만 원, 보증금 1억5,000만 원, 교육비 500만 원 등이다. 감가상각 기간 5년이 지났으며, 일정 기간 이후 리모델링이 필요한 상태다.

매출 월평균 1억1,000만 원,

원가율 44%,

인건비율 20%(직원 8~9명),

임차료 6%(월세 660만 원),

배달 관련 비용이 12% 정도(배달 매출 구성비율 높음),

기타 비용 10% 정도로,

수익률 8%, 월 880만 원 정도이다. 여기에 투자비에 대한 이자율을 감안하더라도 800만 원 정도는 가져간다.

매출규모가 커서 수익률은 낮지만 이익은 만족한다고 한다. 창업 당시 50대 중반으로, 젊은 직원들과 소통 문제나 고객 서빙에 대한 두려움, 그리고 메뉴 조리에 대한 걱정, 점포운영 노하우 부족으로 걱정을 많이 했다고 한다. 그래서 프랜차이즈 창업을 결심한 경우이다.

우선 나이 든 자신의 이미지를 바꿨다. 특히 햄버거 사업은 젊은 층의 직원들이 일하고, 초중고생 고객들이 많이 방문하기 때문에 꼰대 이미지를 벗는 것이 중요하다고 생각했다. 그래서 미소 짓는 얼굴을 만들기 위해 매일 거울을 보면서 웃는 연습을 했다고 한다. 흰머리와 얼굴의 검은 점들 그리고 두꺼운 안경이 마음에 걸려, 피부과에 가서 점을 빼고, 눈 수술을 하여 얇고 세련된 안경으로 바꾸고, 흰머리도 브라운 색으로 염색하였다.

프랜차이즈 창업은 본부에서 교육을 통해 메뉴 조리방법 이외 점포운영 노하우를 가르쳐 주기 때문에 열심히 배워 어려움이 없었다. 대신 투자비와 가족들의 허락을 받는 것이 중요한데, 아들이 적극 찬성하였다고.

　　초기에는 직원들과 대화하기가 어려웠다. 그래서 아들을 관리자로 데려오면서 직원들 소통과 분위기가 달라졌다고 한다. 이직률이 낮아지고, 품질과 서비스도 개선되었다. 코로나 기간이었음에도 매출신장과 손익개선이 이루어졌다. 아침 일찍 출근하여 점포 청결과 위생 및 안전에 문제가 없도록 청소를 하고, 식자재의 신선함을 유지하기 위해 선입선출을 통한 재고 관리만 직접 했다.

　　자신이 외식업에 적합한지 판단했을 때 미흡한 부분을 보완하거나 개선하고 노력하면 충분히 극복 가능하다는 것을 보여 주는 사례이다. 자신의 꼰대 이미지, 직접 조리하는 것에 대한 부담감, 그리고 식자재에 대한 지식과 관심 부족을 정확히 판단하고 대중적인 프랜차이즈를 선택하여 창업에 성공한 사례이다. 특히 젊은 아들의 적극적인 참여로 인력의 안정화를 가져왔고, 직원들 간의 원활한 소통으로 점포의 문제점을 개선하게 되어 더욱 알찬 매장으로 발전할 수 있었다. 최근 새로운 사업을 위해 프리미엄 권리금을 받고 양도했다고 한다.

인수 창업② : 주점 프랜차이즈^{김해}

Point: 부족한 투자비와 메뉴 조리능력 부족

- 투자비 1억5,100만 원(대출 1억 원)
- 감가상각 + 대출이자 135만 원
- 수익 705만 원

주류 도매상에 근무하다 주점이 돈이 된다는 얘기를 듣고 35평 규모의 기존 점포를 인수한 경우다. 주류 도매상을 통해 대출이 가능하고, 다른 점포에 가서 알아보니 메뉴 조리는 교육받고 연습하면 된다는 조언에 과감하게 창업하였다. 투자비는 권리금 5,000만 원, 보증금 5,000만 원, 1년 전 투자비^{인테리어/기기 등} 중 인수대금 4,500만 원, 교육비 300만 원, 물품대 300만 원 등이다.

\# 매출 월평균 4,200만 원,

\# 원가율 46%,

\# 인건비율 19% 정도(직원 3~4명),

\# 임차료는 6%(월세 250만 원),

\# 기타 비용 9% 정도로,

\# 수익률 20%, 월 840만 원이다. 감가상각비와 대출이자를 고

려한다면 700만 원 이상 수입으로 가져가는 경우다.

걱정했던 메뉴 조리는 가맹본부 교육에서 열심히 배우고, 집에서도 레시피대로 연습하였다. 그 결과 지금은 주방에서 직원과 함께 조리하고 있고, 메뉴의 품질도 직접 챙기고 있다. 홀은 젊은 친구에게 맡겨 고객 서빙을 진행하였다. 그 결과 고객들로부터 품질과 서비스 측면에서 좋은 반응을 얻고 있다고 한다.

러시아 전쟁 이전에는 원가율이 35%대였으나 지금은 식자재값 인상으로 40%대로 높아졌고, 매출 구성비는 술 40%, 메뉴^{안주} 60%이다. 영업시간이 보통 오후 5시부터 새벽 2시까지라 인력채용의 어려움은 있지만, 낮과 밤이 바뀌는 생활을 해야 하는 것이 더 힘들다고 한다. 다행히 코로나 엔데믹으로 저녁 손님들이 조금씩 증가하고 있어 즐겁다고 한다. 형편이 나아지면 남편 혼자서 직원을 더 충원해 365일 쉬지 않고 일할 계획이라고.

사례 5 **가맹 창업① : 편의점 프랜차이즈**^{대전}

Point: 투자비 부족과 고객 서빙에 자신이 없어 편의점 창업

- 투자비 8,500만 원(대출 5,000만 원)

- 대출이자 21만 원
- 수익 429만 원

프리미엄 아이스크림 회사에서 일하다 외식은 조리와 고객응대에 자신이 없어 편의점으로 창업한 경우다. 매출 및 이익률 상위권 점포로, 평균에 비해 매우 높다는 점을 감안하고 참고하길 바란다.

평수는 20평 정도로 원룸 및 유흥가가 함께 공존하는 상권에서 투자비는 권리금 3,000만 원, 보증금 3,000만 원, 가맹금/교육비 770만 원, 물품대 등 포함 총 8,500만 원 정도다.

\# 매출 월평균 7,000만 원(24시간 풀영업으로 A급 점포),

\# 원가율 70%,

\# 매출이익률 30%(본부 3 : 점주 7 배분)

\# 인건비율 10%(정직원 1명 + 아르바이트 3~4명),

\# 임차료 3%(월세 220만 원),

\# 기타 관리비 1.4%(100만 원)이다.

\# 수익은 6.4%, 450만 원 정도이다. 가맹본부에서 인테리어/간판/집기 등을 투자해 주었기 때문에 점주 몫은 매출이익의 70%에서 모든 비용을 차감한 금액이다.

매출은 담배 판매 여부에 따라 차이가 심하다. 그리고 담배 구성비가 높을수록 원가율이 높다. 이유는 담배 원가율이 90% 정도이고, 나머지 품목은 약 60% 정도이기 때문이다. 인력은 정직원 점장 1명과 시간대별 파트타이머 3~4명 정도로 운영하며, 점주 또한 일평균 4시간 정도 OP 및 점포관리를 한다.

투자비가 적게 들어간 이유는 가맹본부에서 100% 지원했기 때문이다. 그런데 계약 조건이 보통 4~5년간이기 때문에 매출이 떨어진다고 해도 폐점할 수가 없다. 이유는 지원금만큼 위약금이 발생하기 때문이다.

입지가 좋은 곳은 적은 투자비로 수익을 창출할 수 있다는 장점이 있지만, 24시간 영업으로 인력 구하기가 힘들어 심야 시간대는 점주 가족이 가끔 근무하는 경우도 있다. 수익을 적게 가져가더라도 높은 시급의 알바를 채용하여 운영한다고 한다. 그래야 건강도 챙기고, 오랜 기간 점포운영을 할 수 있다고 노하우를 알려 준다.

사례 6 **가맹 창업② : 음료 프랜차이즈**고속도로 휴게소

Point: 조리능력 부족 및 건강 문제

- 투자비 1억1,000만 원(대출 3,000만 원)
- 감가상각 + 대출이자 179만 원

• 수익 421만 원

식품사에서 희망퇴직 후 지인의 소개로 고속도로 휴게소 내 음료 프랜차이즈 가맹 사업을 한 경우이다. 외향적인 성격에 최소 투자비로 소·확·행을 추구하겠다는 마음으로 도전하였다. 가족들도 나이가 있어, 무리한 한식이나 중식보다는 유동인구가 많고 OP가 비교적 간단한 음료 전문점에 동의해 줘 오픈하였다.

고속도로 휴게소는 보증금이 없는 대신 수수료가 높은 편이다. 그리고 점주가 직원을 고용해서 직접 운영해야 하는 시스템이다. 평수는 5평으로 T/O 전문 매장이다. 투자비는 보증금 0원, 인테리어/기기장비 등 1억 원, 가맹금/교육비 1,000만 원 등이다.

매출 월평균 4,000만 원,

원가율 25%,

인건비율 15%(아르바이트 2~3명),

임차료 42%(월세 1,680만 원)이며,

로열티 3%이다.

수익률 15%로, 월 600만 원이다. 감가상각비와 대출이자를 고려하면 420만 원 정도 자기 수입으로 가져간다.

코로나로 인한 매출 타격은 별로 없지만, 365일 영업으로 인해 점주도 주 6일 이상 근무해야 한다는 점과 인력채용에 애로점이 있다는 것 이외에는 돈 버는 재미가 있다고 한다. 체력적으로 문제가 되어 고객이 없는 시간대에는 차에서 잠을 잔다고 한다. 그러지 않으면 오후 시간대에 피곤해서 직원들에게 피해를 주기 때문이다.

수수료^{임차료}가 높은 것은 일반관리비가 모두 포함되어 있기 때문이다. 즉 전기, 수도, 청소, 카드수수료 등 공통비용이 수수료에 모두 포함되어 있다.

하우스룰^{점포규칙}을 통해 직원들을 관리하며, 함께 일하다 보니 가족 같은 느낌이 있다고 한다. 고객 접점에는 가능한 한 젊은 직원들이 나서고, 점주는 주방에서 서포트하는 방식으로 운영하고 있다. 가장 큰 문제는 365일 영업하는 장소이기 때문에 인력과 위생 그리고 고객 컴플레인 발생 등이라고 한다. 그래서 하루라도 편하게 쉴 수 없다는 것이 가장 고민이라고 한다.

사례 7 가맹 창업③ : 아이스크림+도넛 복합매장_{고속도로 휴게소}

Point: 건강과 점포운영 노하우 문제

- 투자비 1억2,000만 원(대출 2,000만 원)
- 감가상각 + 대출이자 191만 원

• 수익 459만 원

외식업계에서 20년 이상 근무하다 고속도로 휴게소에 10평 사이즈 복합매장을 오픈한 경우이다. 현장에서부터 시작한 친구라 점포운영뿐 아니라 손익관리에도 노하우를 가져, 자신감이 넘쳤다. 샐러리맨 출신이다 보니 열정 하나는 대단하여 명퇴금 일부를 투자해 창업한 사례이다. 적은 투자금으로 할 수 있는 창업을 찾은 결과이다.

투자비는 보증금 0원, 인테리어/주방기기 등 1억1,000만 원, 가맹금/교육비 1,000만 원 정도이다.

매출 월평균 5,000만 원,

원가율 31%,

인건비율 16%(아르바이트 4~5명),

임차료 40%(월세 2,000만 원)로,

수익률 13%, 월 650만 원 정도다. 감가상각과 대출이자를 제외하면 450만 원 이상 자기 수입으로 가져간다.

365일 영업이지만 주 1회 정도 휴식을 통해 체력을 유지하고 있다. 그래도 항상 걱정되는 것은 직원들이 제대로 출근시간을 지키고 있는지 여부이다. 앞에서도 이야기했지만 인력채용이 제일 힘들다. 점주가 아프면 책임지고 대행할 수 있는 대체인력 수급이 어렵기 때문이다. 그래서 건강관리를 위해 술, 담배도 안 하고 계약기간까지 성실하게 일해 목돈을 마련하는 게 목표라고 한다. 그 뒤에는 주 5일 근무할 수 있는 새로운 창업에 도전하겠다고. 365일 연중무휴 영업점의 경우에는 대부분의 점주들이 이렇게 생활하고 있다.

실내 전문식당가는 코로나 때 사람들이 잘 들어오지 않은 경험 때문인지 코로나가 끝났는데도 여전히 그전 수준으로 돌아가지 못하고 있다. 대신 데일리 코너^{즉석식품 코너} 쪽으로 몰려 실외 쪽은 장사가 잘되는 편이다. 인건비는 키오스크 설치를 통해 극복하고, 원가는 가격인상으로 이겨 나가고 있다고 보면 된다. 워라밸을 추구하는 사람들은 절대 관심을 가지면 안 되는 상권이다.

사례 8 가맹 창업④ : 세계과자 전문점 프랜차이즈^{부천}

Point: 투자비 문제

- 투자비 1억7,500만 원(대출 1억2,000만 원)
- 감가상각 + 대출이자 117만 원
- 수익 1,183만 원

제과회사에서 영업 전문가로 일하다 11평 규모의 과자 전문점을 오픈한 사례이다. 유통과 제품에 대한 지식이 많아 창업에는 큰 문제점이 없었다. 대출을 통해 투자금을 만들고, 젊은 나이에 돈을 많이 벌겠다는 부부의 의지가 강해 시작한 사업이다. 투자비는 권리금 8,000만 원, 보증금 5,000만 원, 인테리어 4,000만 원, 가맹금 500만 원 정도이다.

매출 월평균 4,500만 원(유동인구가 많은 A급 역세권),

원가율 40%,

인건비율 10%(아르바이트 4명),

임차료 10%(월세 450만 원),

기타 비용 10% 정도로,

수익률 30%, 월 1,300만 원 정도다. 대출이자 및 감가상각비를 고려하더라도 월 1,100만 원 이상을 가져가는 초대박 창업이다.

초기 프랜차이즈 브랜드 이점 때문에 수익률이 높았다고 한다. 편의점보다 세계과자 종류가 다양하고 또 저렴하여 학생들의 방문이 많았다. 그리고 과자 유통을 잘 알다 보니, 대부분 가맹본부에서 제품을 공급받지만 일부는 덤핑 물건을 잡아 와서 판매도 많이 했다고 한다. 그리고 부부가 교대로 근무하면서 인건비를 최소화하고, 유통업이라 외식업처럼 OP가 어렵지 않고, 근무환경도 좋아

직원채용이 쉬웠다고 했다.

어려운 점은 재고관리다. 종류가 많다 보니 매주 1회 정도 체크하는데 분실되는 수량이 많았다. 그리고 저렴할 때 많이 구매해서 창고에 보관하는데, 판매가 생각보다 안 될 경우 창고료라는 추가비용 발생과, 유통기한 때문에 할인행사로 소진할 때 이런 것들이 모두 돈이라 속상했다고 한다. 코로나 때 바뀐 건물주의 임대료 인상 요구와 경쟁업체 등장으로 인한 매출 감소에 따라, 제3자에게 양도하고 지금은 다른 사업을 통해 수익을 창출하고 있다.

유통업의 가장 큰 장점은 완성품을 진열해서 파는 경우가 대부분이라 쉽다는 것이다. 문제는 분실이 많고, 재고조사를 해야만 발주를 넣을 수 있다는 것과, 먼지가 쌓이기 때문에 자주 진열을 하면서 청소해야 한다는 것이다. 그리고 잘 팔리는 품목 위주로 진열하는 스킬이 필요하다고 한다. 아무튼 돈 버는 게 쉬운 일은 없다는 것이다.

사례 9 가맹 창업⑤ : 김밥 프랜차이즈^{공항}

Point: 투자비 부족 및 건강과 조리능력 문제

- 투자비 3억 원(대출 2억 원)

- 감가상각 + 대출이자 417만 원
- 수익 903만 원

공항은 개인으로 입점하기는 불가능하여, 법인으로 재위탁 입점한 사례이다.

유동인구가 많은 공항, KTX 역사, 고속도로 휴게소 등은 황금알을 낳는 거위였다. 그만큼 고객이 지속적으로 몰려오기 때문이다. 그러나 코로나로 인천공항은 거의 영업중단 상태까지 갔었고, KTX 역이나 고속도로 휴게소도 50% 이상 고객 감소로 힘겨운 시간을 보냈었다. 지금은 80% 이상 회복되었다고 한다.

10평 규모의 매장으로 투자비는 보증금 1억 원, 인테리어/집기 등 2억 원, 총 3억 원 정도다.

매출 월평균 1억1,000만 원 정도,

원가율 32%,

인건비율 27%(직원 9~10명),

임차료 25%(월세 2,750만 원),

기타 관리비 4% 정도로,

수익률 12%, 월 1,320만 원 정도이다. 감가상각비와 대출이자를 감안하더라도 900만 원 정도 가져간다.

공항의 문제는 매출이 부진하더라도 M/G^{Minimum Guaranty, 최저보}
_{장임대료}가 월 2,500만 원이라는 것이다. 매출이 0원이 되더라도 최소 임대료 2,500만 원은 지급해야 한다. 코로나 시기에는 어려웠지만 지금은 다시 활성화되어 정상적으로 영업이 진행되고 있어 다행이다.

초기에는 매일 출근해야 하므로 건강에 자신이 없었다. 그리고 음식은 라면 이외 직접 조리한 적이 없어 김밥 만드는 것을 걱정했다. 그런데 김밥을 기계로 만들기 때문에 레시피대로 숙련만 하면 된다. 그래서 일의 강도가 낮아져 오히려 직원들 이직률도 줄었다고 한다. 그리고 키오스크 설치로 비대면 주문이다 보니, 고객을 응대하는 서비스도 큰 문제가 없다. 김밥집은 높은 고객응대 서비스보다는 품질과 청결이 더 중요하다고 생각하는 듯하다.

어려운 점은 365일 매일매일 출근하여 점포관리를 하다 보니 체력적으로 힘들고, 많은 사람들을 상대하다 보니 정신적인 스트레스가 많다고 한다. 계약이 끝나면 주말이라도 쉬는 사업 아이템으로 바꾸겠다고. 하루하루가 전쟁이라는 표현에서 고충을 짐작할 수 있었다.

가맹 창업⑥ : 햄버거 프랜차이즈^{부천}

Point: 창업 투자비 문제

- 투자비 3억4,500만 원(대출 2억2,000만 원)

- 감가상각 + 대출이자 550만 원

- 수익 970만 원

햄버거 회사 출신으로 투자비가 부족하여 망설이다가 경기가 호전되어 햄버거 시장이 성장할 시기에 창업한 케이스다. 투자비는 권리금 0원^{새 건물}, 보증금 7,000만 원, 기기/인테리어/냉난방기/냉동창고 등 2억7,500만 원 등이다. 회사 직원 출신이라 가맹금/교육비는 무료이다.

매출 월평균 1억500만 원,

원가율 42%,

인건비율 20%(정직원/아르바이트 8~9명),

임차료 4.5%(월세 470만 원),

기타 비용 19%(건물/점포관리비 + 카드수수료 + 배달료 등) 정도이다.

수익률 14.5%, 월 1,520만 원 정도이다. 감가상각비와 대출이자를 감안하더라도 970만 원 이상 자기 수입으로 가져간다.

초기에는 신규점이다 보니 우수한 관리자^{점장/매니저} 채용이 쉽지
않았다. 주변 가맹점주나 SV들로부터 추천받아 채용하더라도 코
드가 맞지 않으면 퇴사를 하기 때문이다. 그래서 점주의 인성과 리
더십이 중요하다. 다행히 매출이 좋아지고, 수익도 개선되다 보니
직원들에게 인센티브를 제공하게 되었다. 그 결과 직원들이 더 열
심히 일하게 되어 가족적인 분위기로 변했다고 한다.

사실 이직률이 심하면 여러 문제가 발생한다. 새로운 직원을 뽑
아 교육을 시켜 스킬을 향상시켜야 하는데 이것도 모두 비용이다.
교육의 부재는 메뉴 품질 문제, 서비스 문제, 점포 청결 문제 등으
로 나타나기 때문에 최대한 이직률을 낮추어야 한다. 이 사례의 경
우, 초기 인력 세팅에 문제가 있었을 때 본인이 직접 햄버거를 쿠
킹해서 포장까지 하고, 심지어 직원이 없을 때에는 본인이 직접 배
달을 했다고 한다. 창업 초기에는 제대로 된 직원을 뽑아 100% 교
육을 통해 고객에게 100% 서비스를 제공해야 성공할 수 있다고 강
조한다.

그다음으로 중요한 것은 임차료 부분이다. 임차료는 매출액과
상관없이 일정한 금액을 제공하는 고정 월세가 있고, 매출액 연동
수수료 베이스가 있다. 매출액이 신장할 때는 고정 월세가 훨씬 유
리하고, 매출액이 감소할 때, 즉 코로나로 고객이 급감할 때와 같은
경우는 수수료 베이스가 더 유리하다. 임대계약은 초기 투자비가
많을 경우 기본 5+2년으로 진행하되, 임대료는 2년마다 조정한다.

건물주가 건물의 가치 향상을 위해서 빅 브랜드 유치에 관심이 많아서인지 다행히 서로 잘 협의되어 5년간 합리적인 고정 월세로 계약을 하게 되었다.

이번 경우는 햄버거에 대한 운영 노하우를 가진 사람이 대박 점포를 찾아 경영 마인드로 운영하여 성공한 케이스다. 지금도 배달 비용을 아끼기 위해 직접 배달을 하며 홍보도 하는데, 단골 고객에게는 덤 서비스로 고객만족을 극대화하고 있다고 한다. 이런 부분은 오너 점주만이 할 수 있고, 경영 마인드로 무장한 점주만이 가능한 일이다.

지금 당장 1,000원을 아끼면 수익이 그만큼 증가하겠지만, 경쟁 업체가 들어오거나 대체 가능한 브랜드가 들어오면 고객의 마음은 금방 변하기 때문에 그때를 대비하여야 한다. 이 점주는 같은 점포에서 20년은 충분히 운영할 것 같다는 생각이 든다.

사례 11 **가맹 창업⑦ : 화장품 프랜차이즈** 홍대

Point: 외식업은 비전문가라 자신이 잘하는 화장품 분야 창업

- 투자비 5억6,100만 원(대출 2억5,000만 원)
- 감가상각 + 대출이자 354만 원

• 수익 606만 원

    화장품 회사에서 영업과 홍보 경험이 풍부한 간부가 창업한 경우로, 코로나 전에는 성공한 케이스로 볼 수 있다. 자본금이 조금 부족했지만 점포운영 노하우가 있어, 회사의 지원으로 과감하게 오픈한 경우이다. 투자비는 권리금 2억 원, 보증금 2억 원, 가맹금/교육비 1,100만 원, 인테리어 1억5,000만 원 정도이다.

    # 매출 월평균 1억2,000만 원(유동인구가 많은 역세권),

    # 원가율 60%,

    # 인건비율 12% 정도(전문직원 5명),

    # 임차료 16%(월세 1,900만 원),

    # 기타 비용 4% 정도로,

    # 수익률 8%, 월 960만 원 정도였다. 감가상각비와 대출이자를 감안하더라도 600만 원 이상 수입으로 가져가는 경우이다.

    화장품 특성상 일반인들이 창업하기 힘든 업종이다. 문제는 코로나로 인해 유동인구 감소, 마스크 착용으로 사용량 감소, 그리고 온라인 판매 강화로 오프라인 매출이 급감하면서 채산성 위기가 찾아왔다는 것이다. 이때는 감가상각 기간이 지난 상태라 엄청난 적자는 아니었지만, 결국 버티지 못하고 다른 프랜차이즈 브랜드에게 권리금 일부를 받고 양도하고 말았다.

코로나 전에는 월 매출액이 2억 원까지 발생하여 2호점도 오픈 하였다. 그래서 퇴사하길 잘했다고 지인들에게 밥도 사고 커피도 쏘고 했는데, 코로나 팬데믹으로 메인 점포는 폐점하고 인천 쪽 한 군데만 운영하고 있는 상태다. 아무리 좋은 상권이라 해도 영업환경은 우리가 예측하기 어려워 속수무책으로 당할 수밖에 없다는 것을 보여 주는 사례다.

"사례들 통한 시사점"

세 가지 창업 방식에 따른 여러 가지 사례를 보았다. 지금은 그 점포들의 영업환경이 어찌 변해 있는지 다 알 수 없기 때문에 현상만 참고하기 바란다. 각자 보는 시각에 따라 느끼는 점도 다를 수 있지만 그래도 공통적인 사항을 찾아보자.

하나, 진단툴 평가 결과 문제점을 보완 후 창업하라.

창업에는 허들이 많다. 대부분의 사람들은 음식 조리 문제, 자금 문제, 건강 문제, 고객 서비스 문제, 점포운영 능력 문제 등이 부족한 부분이다. 프랜차이즈 가맹 창업은 이런 문제점들을 해결해 주나, 자금과 건강은 어찌할 방법이 없다. 그러므로 이 두 문제가 풀리지 않으면 결국 장기적인 측면에서 외식창업은 성공할 수 없다.

가맹본부 담당자의 말처럼 수익이 많이 날 거라는 기대를 하는데, 실제로 영업환경이 각각 다르고, 차 떼고 포 떼고 하다 보면 인건비도 건지기 힘든 게 창업이다. 현재 받는 월급보다 더 많은 수익 창출은 확률상 낮다. 그러므로 충분한 공부와 준비기간을 가지면서 현 조직에서 최대한 버티고 버티는 것이 오히려 창업 성공의 지름길이다.

둘, '카더라'라는 말만 믿고 창업하면 100% 망한다.

대학에 들어가기 위해 초·중·고 12년을 공부한다. 외식창업도 나뿐만 아니라 가족까지 함께 공부하고 연구해야 한다. 망하면 가족 전체가 붕괴되기 때문이다. 가족의 동의는 필수적이고, 함께 업종을 선정하고, 브랜드를 협의하고, 상권 또한 같이 상의하여 최대한 신중하게 결정해야 한다. 그리고 요즘 외식업은 인건비 때문에 가족 구성원의 도움 없이는 힘들다.

최소한 6개월 이상 전국의 상권을 찾아다니며 동일 업종의 메뉴와 서비스를 경험하고 분석한 뒤에, 성공할 수 있는 팩트를 발견했다면 그때부터 투자 준비를 하라. 자신감이 생길 때까지 조사하고, 연구하고, 공부해야만 성공의 가능성이 있다.

셋, 나이대가 높을수록 여유자금으로 창업하라.

창업은 100% 성공도, 100% 실패도 확신할 수 없다. 사람마다 역량이 다르고, 영업환경에 통제 불가능한 변수도 많고, 다양한 긍정적 또는 부정적 요인이 있기 때문이다. 특히 코로나19 팬데믹 같은 사태가 발생하거나, 주위에 경쟁 브랜드가 우후죽순처럼 생기거나, 갑자기 식자재 값이 전쟁으로 폭등한다면 그 아무리 외식의 신이라 해도 개인사업자는 극복하기 어렵다.

그러므로 창업 시 여유자금이 있다고 해도, 30~50% 정도는 대출을 활용하여 투자하고, 나머지는 향후 6개월 정도의 여유자금으로 운영할 수 있도록 해야 한다. 그래야 조급하게 서두르지 않고 매뉴얼대로 영업할 수 있다. 금융권 대출마저 막힐 경우를 대비하고 창업에 뛰어들어야 안전하게 유지할 수 있다.

넷, 처음 창업하는 경우 리스크를 적게 가져가라.

대부분 창업 시에는 부푼 꿈을 꾸며 성공을 확신한다. 그러나 대박 창업의 확률은 높지 않다. 그리고 대박 기간 또한 오래가지 않는다. 이유는 경쟁 브랜드 등장, 주변의 상권 이동과 트렌드 변화, 통제 불가능한 변수 발생, 그리고 점주의 경영 마인드 부족 때문이다. 그러므로 항상 긴장하고, 최선을 다해야 한다.

창업 초기에는 리스크를 크게 가져가지 말고 소·확·행 스타일로 시작하여, 자신감과 노하우가 생기면 그때 확대 투자하도록 한다. 제2호점, 제3호점을 오픈하면 대박 창업가로서 전문 외식인이 되는 것이다. 아니면 다른 업종의 나홀로 창업을 하더라도 문제 없다.

그러니 초기에 전 재산을 투자하여 노심초사할 필요가 없다. 계란은 한 바구니에 담는 것보다 여러 군데 담는 게 안전하다.

다섯, 외식업은 인건비 싸움이다.

코로나 팬데믹 이후 식자재 가격과 인건비가 너무 올랐다. 나홀로 창업 경우는 식자재 가격에 대한 여유가 있지만 품목마다 다르지만 가맹본부 마진만큼 유리하다는 의미이다 프랜차이즈 가맹점 경우는 통제 불가능한 부분이다. 100% 본부로부터 받기 때문이다. 그러면 비용을 줄일 수 있는 부분이 인건비뿐이다. 그래서 직원을 줄이는 대신 점주나 가족이 더 열심히 해야 한다.

문제는 체력이다. 젊은 시절이면 밤샘도 할 수 있겠지만 50 넘은 나이에 돈 벌기 위해 직원을 줄이고 그만큼 일을 더 한다면 결코 오랜 기간 일할 수 없다. 그러므로 만약 창업을 한다면 40대까지는 죽기 살기로 하고, 50이 넘으면 인건비가 덜 들어가는 아이템을 찾는 게 중요하다. 그리고 가능한 한 신경도 덜 쓰이고, OP도 간편하고, 또 밤늦게까지 안 해도 되는 아이템이면 더 좋다.

중요한 것은 소일거리로서 사회봉사한다는 철학으로 임해야 70세까지 일할 수 있다는 것이다. 물론 진정성과 절박한 심정으로 해야 되겠지만 정신만이라도 여유 있게 하지 않으면 스트레스 때문에 건강을 잃기 십상이다.

여섯, 세금 혜택도 가능하면 받아 보자.

법인 운영을 하면 차량 리스나 차량 유지비, 직원들 복리후생비 등을 세무사와 협의하여 비용처리를 받을 수 있다. 인건비 분야는 노무사와 협의하고, 비용 분야는 세무사와 협의한다면 큰 도움이 될 것이다. 물론 안 되는 부분도 있겠지만 그래도 최대한 도움을 받아 보자.

서작가 2021년 작품

정상에는 언제나 빈자리가 있는 법이다.

대니얼 웹스터|Daniel Webster

Chapter 4

실전 창업하기

업종 선택하기

요즘 많이 하는 창업에는 IT 관련 스타트업이나, 도소매 관련 유통업, 무엇을 생산하여 공급하거나 판매하는 제조업, 그리고 누구나 쉽게 생각하는 외식업 등이 있다. 최근 한국농수산식품유통공사 식품산업통계정보시스템의 자료 2022년 기준에 따르면,

한식 음식점이 362,000개,

커피/음료점이 99,000개,

치킨점이 81,000개,

주점이 47,000개,

분식점이 42,000개,

서양 음식점이 39,000개,

중국 음식점이 26,000개,

패스트푸드점이 13,000개로,

총 70만9,000개로 나타났다. 우리나라 인구 5,100만 명 기준으로 본다면 72명당 점포 1개가 운영되는 꼴이다. 어떻게 생각하는가? 그러니 돈을 벌 수 없는 구조이다.

외식산업 중에서 한식이 차지하고 있는 비율이 51%인데, 이는 141명70가구 정도 대상 점포 1개가 먹고살고 있다고 보면 된다. 그만큼 누구나 쉽게 접근할 수 있는 사업 분야이기 때문에 경쟁도 치열하고, 돈도 벌기 어렵다.

앞으로 편의점도 외식업에 포함시켜야 한다고 본다. 점포 내 먹을 거리가 다양하게 확대되고 있기 때문이다.

"우리 가족이 잘할 수 있는 업종을 택하자"

외식업에 근무한 유경험자들은 쉽게 접근할 수 있겠지만 전혀 다른 분야에서 일한 사람들은 불안하여 쉽게 결정하지 못한다. 피 같은 돈으로 창업을 준비하는데 얼마나 걱정이 되겠는가? 도움을 받을 데도 없고, 주변 지인들도 내 마음처럼 관심을 가지고 고민해주지도 않는다. 그렇다고 아무나 믿을 수도 없는 상태다.

업종을 선정하는 가장 좋은 방법은 오직 하나뿐이다. 내가, 우리 가족이 가장 잘할 수 있는 분야에 도전하는 것이다. 그리고, 그 분야에 대해 공부를 별도로 많이 하면 된다.

돈을 몇 천만 원에서 몇 억 원을 투자하는데 여기저기 귀동냥만으로 창업한다면 기본 자세가 아니다. 가족을 위험 속에 빠뜨릴 수도 있고, 돌이킬 수 없을 정도로 인생이 피폐해질 수도 있기 때문이다. 최소한 6개월 동안 각 업종별 조사를 하고, 직접 운영하는 다른 점주에게 물어보고, 오픈부터 클로징까지 고객의 분포도 파악해야 한다. 평일과 주말의 방문고객층이나 객수도 체크해 봐야 한다.

가장 좋은 방법은 직원이 되어 근무해 보거나 아니면 파트타이머로 일해 보고 결정하는 것이다. 그래야 실패 확률이 낮아진다. 주방 셰프 출신이나 프랜차이즈 유경험자들은 자기 브랜드로 나홀로 창업을 할 수 있고, 그렇지 않은 경우 프랜차이즈 가맹 창업을 하는 경우가 많다.

참고로 한식은 프랜차이즈 사업을 하기가 어렵다. 이유는 레시피를 개발하고, 레시피대로 조리해야 하는데, 손맛을 중시하다 보면 지키기가 쉽지 않다. 또 지역별 음식이 다르고, 어릴 때부터 엄마의 손맛에 익숙해져 있어 다른 사람이 만든 음식에 100% 만족하기가 어렵다. 대신 서양음식은 처음 접하기 때문에 그냥 받아들이는 경우가 많다. 레시피도 간단하게 매뉴얼화되어 있다. 드레싱류나 소스류가 발달되어 있어 복잡해 보일 뿐이다. 빠른 시간 내 교육을 받아 쉽게 만들 수 있는 이점도 있다.

"창업 준비기간 100% 활용하기"

창업 희망자도 실업급여를 받을 수 있다. 고용노동부에서는 실업급여를 재취업 구직자 대상자만이 아니라 창업 희망자들에게도 제공 _{최장 270일}하고 있다. 사전 창업계획서를 제출하면 인정해 준다. 실업급여 기간 내에 자영업 활동내역서를 매월 작성하여 제공하면 인정받을 수 있다. 그 기간 동안 시장조사를 통해 업종 분석, 지역별 상권 분석 등을 정리해 가면서 준비하면 된다. 공부하면서 실업급여를 받을 수 있다는 게 정말 좋지 않은가? 2023년 기준 최고 1,782만 원_{270일×66,000원}을 받을 수 있으며 세금도 면제다.

그리고 국민내일배움카드도 발급받을 수 있다. 자영업을 준비하는 사람에게 5년간 300만 원의 훈련비를 지원해 주는데, 학원을 통해 원하는 업종에 대한 자격증을 취득할 수 있다. 이때 한식/양식/일식/중식 등 조리사 자격증, 바리스타 자격증, 제과제빵기능사 자격증 등을 취득하면 좋다.

아무튼 창업에 관련된 국가 지원책을 찾아보면 시스템적으로 잘되어 있어 열심히 공부하기만 하면 많은 도움을 받을 수 있다. 지역별 고용복지센터에 가서 상담하면 된다.

그리고 이런 방법도 참고할 수 있다. 만약 남편이 퇴직 후 가족이 함께 창업을 한다면, 사업자를 아내 이름으로 운영하면 퇴직한 남편이 270일간 실업급여를 계속 받을 수 있다. 창업 이후에는 실업급여가 나오지 않기 때문에 가능한 한 창업 일정을 조정하거나, 또는 배우자에게 대표 자리를 양보하면 가족에게 경제적으로 더 도움이 된다.

창업 방식 선택하기

창업 방식에는 나홀로 창업단독 창업, 인수 창업, 그리고 프랜차이즈 가맹 창업이 있다. 고려해야 할 점은 '나의 무기가 되는 경쟁력 있는 메뉴'와 '자금 사정'이다.

"나홀로 창업을 할까?"

본인이 경험한 분야에서 노하우를 쌓아 본인만의 브랜드를 운영하는 것이다. 식자재 구입, 인테리어 컨셉, 브랜드상호 등 모두 독립 운영하는 경우다. 메뉴 기획과 점포 운영을 100% 혼자 결정하는 만큼 창업자의 역량과 노력이 엄청 중요하다. 알아 둬야 할 점은 마케팅 활동도 본인이 해야 한다는 것이다. 심지어 홍보용 **POP**Point of Purchase, 매장 설치 광고 제작물까지 기획하고, 디자인하고, 제작해야 한다.

그러므로 처음부터 끝까지 모든 것을 제대로 준비할 능력과 자신이 없다면 초보자는 절대 나홀로 창업을 하면 안 된다. 외식업에서 직원으로 근무하며 본인의 가게를 가져 보겠다는 꿈을 가지고 차근차근 준비해 온 분들이 적합하다. 이런 이들은 전문지식이나 경험, 경력을 충분히 가지고 있기 때문에 프랜차이즈 창업보다 비용을 훨씬 절감하며 자신의 사업을 할 수 있다.

〈생활의 달인〉 프로그램을 보다 보면 거의 100% 나홀로 창업으로, 메뉴의 독창성과 경쟁력을 가지고 오랜 기간 한 곳에서 운영하고 있다. 이는 아무나 흉내 낼 수 없는 것이다. 메뉴의 경쟁력과 지속적인 메뉴 개발 능력이 있다면, 적은 투자비로 나홀로 창업을 통해 사업을 안정화시킨 뒤 확대하면 된다.

"인수 창업을 할까?"

인수 창업은 기존 운영점을 권리금과 잔존가치를 주고 인수하여 운영하는 것인데, 자신의 자본금에 맞는 규모를 찾을 수밖에 없다. 현 점포의 문제점을 찾아보고 어떻게 하면 지금보다 더 개선시킬 수 있을지에 대한 확신이 생기면 도전해 볼 만하다. 그렇지 않고 이미 주변의 이미지가 돌이킬 수 없을 정도이거나, 리모델링이 필요하다면 굳이 인수할 필요가 없다. 인수 창업은 사업을 바로 시작할 수 있는 장점이 있지만, 반드시 기존 점포에 대해 충분한 조사를 해보고 결정하길 바란다.

인수 창업은 매장의 인테리어, 주방장비, 집기, 상호 등을 그대로 물려받아 사용할 수 있어서 좋다. 매각하려는 점주와 협의가 잘된다면 방문객에 대한 정보도 받을 수 있다. 그리고 그동안 발생한 월별·계절별 매출과 메뉴에 대한 판매추이 및 반응 등의 데이터도 받을 수 있어 바로 활용하기에는 유리하다.

단지 의심할 사항은 왜 매장을 팔려고 하는지다. 주위 사람들에게 탐문하고, 관찰하여 확인해 봐야 한다. 이민을 가거나 건강상의 이유로 가족이나 친척이 운영할 수 없는 경우라면 긍정적으로 검토해 볼 만하다. 그렇지 않은데 고객도 많고, 매출도 좋다면 뭔가 이상하다. 상권 변동이나 원가를 따져 봐야 한다. 그리고 방문 고객들을 대상으로 그동안의 과정을 물어보면 감을 잡을 수 있을 것이다.

이런 경우도 있다. 매도하고자 하는 어떤 점포가 적자가 나든,

아니면 수익이 0원이 되든, 가성비로 고객 유입을 증가시켜 장사가 잘되는 것처럼 보여 매수자에게 권리금을 받고 넘기는 경우다. 권리금이 곧 수익인 것이다. 그런데 막상 인수하여 직접 운영해 보면 매출은 감소하고, 고생은 고생대로 하는데 수익은 나지 않는 경우가 많다.

이런 꼼수는 절대 사용하면 안 되는데, 주변에 보면 이렇게 당한 사람들이 의외로 있다. 그래서 인수 창업 시 철저한 조사를 해 보라는 것이다. 부동산을 찾다 보면 그만두려고 하는 가게들이 많은데, 반드시 그 이유를 잘 알아보고 인수해야 나중에 후회를 하지 않는다.

인수 창업 중에는 자신이 현재 근무하는 매장을 주인으로부터 합리적인 가격에 넘겨받아 창업하는 경우가 있다. 이런 경우는 본인이 근무하고 있는 상태라 매출 및 고객에 대한 정보뿐 아니라 직원들까지 잘 알기 때문에 매우 유리하다. 그리고 어느 정도 경영 마인드가 있다면, "내가 사장이면 이렇게 할 거야, 저렇게 하면 잘 될 거야" 등 평소 생각하고 있던 바를 바로 실행에 옮겨 결과를 볼 수도 있다. 가장 좋은 창업 방식이 아닌가 생각한다.

그런데 이런 경우는 매우 드물다는 게 문제다. 누가 잘되고 있는 매장을 다른 사람에게 넘겨주려 하겠는가?

"프랜차이즈 가맹 창업을 할까?"

프랜차이즈 가맹본부와 계약을 통해 가맹사업자로 소속돼 창업하는 방식이다. 위의 나홀로 창업과 인수 창업보다 안정적이면서 실패할 확률이 낮은 것이 프랜차이즈 가맹 창업이다. 외식업에 대한 전문지식이나 경험도 없는 상태에서 갑자기 조직에서 은퇴를 하거나, 회사를 그만두게 되는 경우 약간의 자금을 가지고 자신의 매장을 운영할 수 있다는 장점이 있다. 가맹본부가 구축한 브랜드 이미지나 인지도를 활용할 수 있고, 매장을 운영하면서 발생하는 문제나 어려움을 가맹본부와 상의할 수도 있다.

프랜차이즈 가맹 창업은 외식업에 첫발을 내디딜 경우 가장 유리한 방법이다. 자본금만 있으면 여러 브랜드의 가맹본부로부터 컨설팅을 받아 보고 결정하면 되기 때문이다. 그리고 현재 운영 중인 기존점도 인수 창업하도록 소개시켜 주기도 한다. 교육을 통해 점포운영 매뉴얼을 배우기 때문에 어려움이 없다. 다만 본인과 가족의 의지가 중요하다.

일정한 매출과 최저 수익도 어느 정도 보장된다. 단지 업종과 규모에 따라 투자금액이 천차만별이지만, 프랜차이즈 가맹본부와 협의하면 그 규모에 적합한 모델을 제시해 주는 경우도 있다. 그러므로 시장조사를 통해 가족과 논의하여, 자기 형편에 맞는 규모로 진행한다면 큰 문제는 없을 것이다.

프랜차이즈 산업이 성장하면서 예비 창업자들에게는 선택의 폭이 넓어져 좋은 일이다. 그러나 어떤 브랜드를 선택할지를 신중하게 고민해야 한다. 우리가 잘 알고 있는 브랜드도 있지만, 상호는 생소하나 요즘 트렌드에 적합하고, 고객의 마음을 끌어 빠르게 가맹 점포를 확장하는 브랜드들도 있기 때문이다.

브랜드 선정하기

　외식 프랜차이즈에는 다양한 업종과 그에 따른 다양한 브랜드가 있다. 가장 중요한 것은 시장에서 그 브랜드가 경쟁력이 있는지, 차별성이 있는지, 그리고 가맹본부가 가맹점을 위해, 즉 상생하기 위해 어떤 여러 가지 활동들을 하고 있는지, 투자규모는 얼마인지 등을 파악하는 것이다. 각 홈페이지마다 회사 소개와 점포 규모에 맞는 투자비도 상세히 나와 있고, 담당부서에 창업을 문의하면 자세하게 상담도 받을 수 있다. 정보공개서에도 본사 및 점포 현황에 대해 잘 설명되어 있다.

　이런 자료를 근거로 인터넷 검색을 통해 실제 현장의 여러 점포를 다니면서 직접 눈으로 보고, 고객 반응도 살펴봐야 한다. 그리고 점주에게도 물어보라. 이런 노력들을 통해 얻은 정보를 분석하고 정리하여 가족들과 협의하여 정하면 된다.

"달콤한 말을 다 믿지 말 것"

분명한 것은 가맹본부 사람들의 의견을 100% 믿으면 안 된다는 것이다. 각 사이트마다 실적을 근거로 추정하기 때문에 큰 오차는 없겠지만, 이유는 긍정적인 이야기만 한다는 것이다. 누가 부정적인 이야기를 하겠는가? 그러면 계약 체결이 안 되는데.

아무튼 책임은 본인 몫이니 각 상권별·지역별로 하고자 하는 브랜드 점포를 직접 조사하고, 방문 리뷰도 보면서 분석한 자료를 가족들과 계속 협의하면서 성공할 수 있는 팩트를 찾으면 된다.

그리고 수익률에 대해서는 절대 믿으면 안 된다. 경우의 수가 너무 많기 때문에 믿고 창업했다 낭패를 보는 수도 많다. 같은 상권이라도 점주의 능력이 다르고, 고객층과 성향 또는 소득이 다르며, 주위 환경이 다르기 때문에 100% 같을 수가 없다.

우선 점주의 능력이 제일 중요하다. 예를 들자면 A라는 점주는 이런 업계에서 잔뼈가 굵은 사람이고, 점포운영 능력도 우수하여, 직원들이 롤모델로 삼아 나중에 자기들도 점포를 운영하고자 할 정도라면 어떻겠는가? 이직률 또한 낮아 품질과 서비스 그리고 점포 청결도 나무랄 곳이 없다면 고객 재방문이 당연히 늘어나지 않겠는가? 아무튼 점주의 경쟁력이 영향을 많이 미친다고 보면 된다.

"꾸준한 지원을 받을 수 있는가?"

멍청한 대표들은 가맹점주에게 빨대를 꽂아 손익을 개선하려고 하는데, 가맹본부의 역할에 대해 제발 공부를 좀 하고 대표로 왔으면 좋겠다. 그래야 가맹점도 돈을 벌어 2호점, 3호점을 오픈할 것이 아닌가.

'뉴욕야시장' 총괄전무 시절, 지방의 한 주점을 방문하여 상담한 경험이다. 생소한 브랜드인데도 보증금 및 권리금 제외 인테리어, 기기장비 등만 2억 원을 투자해 오픈했다는 것이다. 문제는 1년 넘게 신메뉴 개발도 없고, 오픈 전에 SV가 두 번 방문해서 컨설팅해 준 이후에는 연락도 없다는 것이다. 그러면서 뉴욕야시장으로 업종변경을 하고 싶다고 하여, 최소 비용으로 진행한 적이 있다.

우리 주변에 이런 분들이 의외로 많다. 외식업은 오픈 뒤가 더 중요하고, 도움도 절실히 필요하다. 역사가 짧은 회사는 조직이나 노하우가 없기 때문에 더 이상 관리를 못 해준다. 그래서 가맹본부의 이력과 가맹점포 수, SV의 자질과 능력이 중요한 것이다. 심지어 직영점도 없이 운영하는 프랜차이즈 브랜드도 있는데, **무조건 창업 대상에서 제외하라.** 직영점 운영을 통해 철저한 검증을 하고 보완해서 가맹점에 적용시켜야 하기 때문이다.

가맹본부가 제대로 생존하기 위해서는 최소한 직영점과 가맹점 포함 50점 정도는 운영되어야 한다. 물론 30점 이상 되는 브랜드도 있다는데,

　　# 메뉴를 개발하는 팀,

　　# 점포를 개발하고 시설을 담당하는 팀,

　　# 가맹점을 컨설팅하는 운영팀,

　　# 식자재를 제공해 주는 구매팀,

　　# 마케팅팀

정도는 있어야 가맹사업을 할 수 있다는 것을 기억하자.

따라서 점포 수가 적고 역사가 짧은 프랜차이즈 브랜드라면, 창업자는 더욱 세밀하게 조사해 볼 필요가 있다. 최근에는 직영점을 1년 이상 운영해야 가맹사업을 할 수 있도록 법이 바뀌어 다행이다. 사기꾼들이 많기 때문에 잘 체크해 봐야 한다.

"이것만은 체크하자"

프랜차이즈 가맹 창업을 하기로 했다면 무엇을 체크해야 하는지 알아보자. 이미 업종은 정해져 있고, 상권과 브랜드를 선정할 일만 남았다. 브랜드별 가맹본부에 창업 관련 문의를 하면 점포는 구했는지, 아니면 어디에 오픈할 생각인지 먼저 물어본다. 이유는 다른 가맹점주들의 영업권을 침해하지 않기 위해 사전 확인하는 것이다. 그리고 가맹본부에서도 물건지를 확보해 둔 경우가 있어 추천해 주기도 한다.

예비 창업자들은 대부분 본인의 생각에서 벗어나질 못해 남의 이야기를 잘 듣지 않는 편이다. 그렇기 때문에 항상 가족과 의견을 나누고 지인들의 조언을 듣고 판단하도록 노력해야 한다. 프랜차이즈 가맹 창업 시 꼭 체크해야 할 주의사항은 무엇이 있는지 알아보자.

1. 예상 소요일을 파악하자

가맹점 오픈을 위해서는 대략 60일 내외의 시간이 필요하다. 그러므로 여유 있게 일정을 잡아 준비를 철저히 할 필요가 있다. 각 브랜드별 소요기간이 다를 수 있기 때문에 가능하면 본사에 직접 방문하여 회사의 규모나 직원들의 분위기도 눈으로 직접 확인하며, 담당자에게 자세히 알아보는 것이 좋다. 그에 따라 자금 준비와 채용 계획을 세우면 될 것이다.

[가맹점 오픈 절차]

① 가맹본부에 가맹 희망자로 문의
(직접방문 또는 전화 가능 / 희망 지역 확인)

⇩

② 사업설명 or 상담
(정보공개서, 계약서, 인근 가맹점 현황 제공)

⇩

③ 점포개발 및 상권분석 실시
(입지 선정, 입지 주위 매장 정보 제공)

⇩

④ 최종 협의 통한 개설승인

⇩

⑤ 가맹계약 체결

⇩

⑥ 가맹금 예치

⇩

⑦ 매장 실측 및 설계

⇩

⑧ 인테리어 공사

⇩

⑨ 개점 준비사항 협의

⇩

⑩ 제반 인허가 취득
(위생교육, 소방필증, 영업신고, 사업자등록증 등)

⇩

⑪ 교육 실시
(매장운영 교육, 실습 병행)

⇩

⑫ 매장 개설
(가맹점 개설 및 영업 시작)

2. 정보공개서를 챙겨 보자

　프랜차이즈 본사와 브랜드에 관한 모든 내용이 함축되어 있는 기술서가 '정보공개서'다. 가맹사업을 진행하는 본부는 '가맹사업 거래의 공정화에 관한 법률'에 따라 예비 가맹점주에게 가맹계약 2주 전에 정보공개서를 제공하게 되어 있다. 또는 공정거래위원회 홈페이지에서 브랜드에 대해 열람을 통해 확인할 수도 있다.

(1) 가맹본부에 대한 일반 정보(재무제표, 손익계산서 등)
명칭, 상호, 상표(서비스표) 등에 대한 지식재산권에 대한 설명
임직원 이력 및 임직원 수
최근 3개년간 회사 자산규모, 매출, 영업이익
등의 자료를 보고 가맹본부의 안정성 및 성장성을 판단하면 된다.

(2) 가맹본부의 가맹사업 현황(연혁, 지역별 직영/가맹점 점포수, 매출 등)

브랜드의 역사와 3년간 신규개점 수, 계약해지점 수, 명의변경점 수
가맹점 사업자의 평균 영업기간

등의 자료를 통해 브랜드의 지속성, 신뢰성, 성공가능성, 활성화 정도를 판단하면 된다. 신규개점 수가 많다는 것은 그만큼 핫하거나 돈이 된다는 의미이며, 계약해지나 명의변경점 수가 많다면 브랜드력이 떨어지거나, 수익률이 낮아 실패할 확률이 높다는 의미이다. 가맹점 영업기간이 길수록 안정적이고 수익창출이 좋다고 보면 된다.

그리고 가맹점의 연간 평균 매출액과 면적(평)당 매출, 그리고 지역별 상한 매출과 하한 매출액(POS상 매출 기준)이 나와 있으니 창업하고자 하는 상권에 대해 사전 비교할 수 있다. 예상 매출액에서 원가(재료비), 인건비(직원급여), 판관비 등을 차감한 순이익이 어느 정도 될지를 미리 파악할 수 있다. 아무리 예상 매출이 높다고 해도 비용(재료비, 인건비, 임차료 등)이 많이 들어가 가맹점주가 고생만 하고 돈은 못 번다면 의미가 없다.

(3) 가맹본부와 그 임원의 법 위반 사실

공정거래위원회 또는 시/도지사의 시정명령을 받은 사실 여부
민사소송/민사상 화해 사실 여부

등을 통해 가맹본부가 합리적인 조직인지를 평가하면 된다.
오너 리스크와 연관되어 있는 사항이다.

(4) 가맹사업자의 부담

프랜차이즈 사업은 가맹본부에서 메뉴부터 식자재, 운영 매뉴얼까지 제공하다 보니 그만큼 비용이 많이 들어간다. 이에 대해서는 각 브랜드 홈페이지나, 점포개발 담당자에게 문의하면 자세히 설명을 들을 수 있다.

최초 가맹금(가입비, 교육비, 개점 및 경영 지원비 등), 보증금(계약이행보증금)
시설투자비, 인테리어 비용(인테리어 공사비, 이동집기류, 기기장비, 가구, 간판/사인몰 등), 설계감리비, 초도물품비
로열티, 매장음악 서비스 이용료, POS 사용료, 광고/판촉 분담금
멤버십 서비스, 모바일/전자상품권 수수료 분담금, 통신사 등 제휴 서비스, 주문대행 서비스, 배달 서비스, 지연이자 등

(5) 영업활동에 대한 사항

계약기간, 계약의 갱신/연장/종료/해지 등에 관한 필요한 절차 등 설명
가맹운영권의 양도, 상속, 대리행사, 위탁 등에 대한 설명
가맹점포에 대한 정기적 관리, 감독에 대한 내용 : 점포 운영상황, 품질(서비스/제품), 위생상태, 클레임 등
가맹계약 위반 시 손해배상에 관한 사항 등 안내

※ 가맹점 사업자의 영업지역 보호:

가맹계약 체결 시 가맹점 사업자의 영업지역을 설정하여 가맹계약서에 영업지역을 명시하고 있다. 가맹계약기간 중에 정당한 사유 없이 가맹점 사업자의 영업지역 내에 동일한 업종의 직영점, 가맹점을 추가로 개설하지 않는다. 특수상권(쇼핑몰, 백화점, 극장, 마트, 지하상가, 휴게소, 공항 등)이거나 점포 앞 도로가 왕복 6차선 이상이면 별개의 상권으로 분리하여 본다. 영업지역을 재조정하는 경우는,

1) 상권 변동(재건축, 재개발, 신도시 건설 등) 경우,

2) 거주인구·유동인구 현저히 변동할 경우,

3) 소비자의 기호 변화 등으로 해당 상품/용역에 대한 수요가 현저히 변동되는 경우

등인데, 이때는 반드시 가맹사업자의 동의가 필요하다는 것을 꼭 인지하고 있어야 한다.

(6) 가맹사업의 영업개시에 관한 상세한 절차와 소요기간 안내

가맹계약을 체결할 경우 상담부터 가맹점 개설될 때까지 걸리는 시간(약 60일 내외)과 필요한 절차를 상세하게 설명하고 있다.

(7) 가맹본부의 교육/훈련에 대한 설명

제품 제조, POS 사용법, 식품 위생, 장비 유지관리 교육, 서비스 교육 등.

(8) 위약금

위약금 부분에 대해서도 사전에 체크할 필요가 있다. 창업 초기에는 의욕이 앞서 가맹본부의 설명만 믿고 성공을 꿈꾸면서 가맹계약을 해지할 일은 없을 거라고 생각한다. 그러나 가맹본부도 돈을 벌어야 하는 조직이기 때문에 어떻게 될지 아무도 모른다. 상권의 변동이나 사람의 이동이 있다 보면 점포를 추가 오픈하려고 한다. 본부와 협의가 되지 않을 경우 사업을 접는 게 더 나을 수도 있기 때문에, 위약금 부분에 대해 꼼꼼히 체크해 봐야 한다.

3. 슈퍼바이저^{SV}의 가맹사업 지도 능력을 평가하자

가맹점 운영 가이드라인을 제시하는 코칭 시스템을 잘 체크해야 한다. 물론 기본적인 업무인 Q^{품질}, S^{서비스}, C^{청결}, H^{위생}뿐만 아니라 가맹점을 얼마나 자주 방문하여 컨설팅해 주는지를 주변 가맹점주들에게 찾아가 확인할 필요가 있다. 특히 매출 활성화를 위해 상권을 분석해 대안을 제시해 주는지도 꼼꼼히 따져 봐야 한다. 점포운영에 미숙한 초보 창업자에게 다양한 정보를 제공해 주고, 문제점에 대해 해결 방안을 제안해 줌에 따라 가맹점의 성공 여부가 결정되기 때문이다.

SV의 역량과 코칭 시스템은 매우 중요하므로 잘 살펴본 후 브랜드를 선택, 결정해야 한다. SV는 현장 OP 능력뿐 아니라 경영지식도 갖추고 있어야 한다. 그들의 사명감은 점포 지도운영을 통해 가맹점주들이 많은 돈을 벌게 해주는 것이다. 그러기 위해 최소 점포 근무 경력이 7~8년 이상 되고, 경영에 대한 지식을 겸비하여 가맹점주를 설득할 수 있는 자질을 갖춘 사람들인지 파악한다.

잘되는 브랜드는 SV들의 실력이 좋을 수밖에 없다. 24시간 운영 점포를 예로 든다면, 아침·점심·저녁 그리고 자정이나 새벽에도 점포를 방문하여 시간대별 고객층, 주변 상권 동향, 판매 메뉴 구성비율 변화 등을 파악하여, 24시간 영업의 실익을 분석·제안할 수 있는 SV가 한 명이라도 있다면 무조건 그 브랜드를 선택하는 것이 성공하는 길이다. SV의 역할은 매우 중요하기 때문에 반드시 체크해야 한다.

그리고 본부에서 말하는 가맹점 관리 내용이 가맹점을 두세 곳 방문해서 듣는 내용과 일맥상통하는지도 꼭 챙겨 보라.

4. R&D의 메뉴 개발력을 평가해 보자

창업하고자 하는 업종이 정해지면 각 브랜드별 판매 아이템을 직접 방문하여 먹어 보고, 가격도 비교하고, 주변 평가도 들어 보는 게 필요하다.

요즘은 SNS 발달로 메뉴 카피가 빠르고, 차별화 포인트를 찾기가 어렵다. 그러므로 R&D^Research and Development, 연구개발 센터나 메뉴를 개발하는 부서가 따로 있는지를 알아봐야 한다. 신제품은 얼마 주기로 론칭되는지 체크해 봐야 한다. 히트 제품이 몇 개 있는지도 나름대로 분석하고 평가하여 결정해야 한다.

인터넷에 들어가 각 점포별 방문후기 등도 비교 평가해 보고, 직접 방문하여 분위기를 파악해 보는 것도 도움이 될 것이다. 그리고 홈페이지 내의 메뉴 소개, 이벤트, Q&A 등을 살펴봐도 유익한 정보가 된다.

앞으로 외식업은 메뉴 개발과 서비스에 성패가 달려 있기 때문에 반드시 메뉴에 대한 객관적인 평가를 하고 선택했으면 좋겠다. 메뉴 측면에서 차별화가 분명하지 않으면 100% 실패한다고 봐야 한다. SBS 〈생활의 달인〉이나 맛집 프로그램들을 보면, 소개되는 곳들은 그 가게만이 가지는 독창적인 그 무엇이 있다. 프랜차이즈 사업도 마찬가지 측면에서 생각하면 된다.

5. 홈페이지 업데이트 상태를 체크하자

브랜드, 투자비, R&D 측면에서 마음에 든다고 해도 홈페이지 내용이 과거에 머물러 있거나 공지사항이나 가맹점주 전달사항, 점주와의 간담회나 워크숍 등 주기적이고 지속적인 소통 사항이 없다면 의심해 볼 필요가 있다. 가맹사업을 목적으로 한다면 최소한 메뉴에 대한 정보, 최근 오픈 점포에 대한 소개, 그리고 회사에 대한 홍보 등을 수시로 업데이트한다. 최소한 월별이나 분기별 한 번씩은 내용을 최신 버전으로 업데이트하는데 만약 그렇지 않다면 신뢰할 수 없다고 생각하라. 가맹사업 능력이 부족하여 진행을 못

하거나, 아니면 회사가 어려워 직원을 둘 수 없어 이런 일이 발생
하는 경우도 많다.

이상에서 다섯 가지 주의사항을 나열하였다. 이 외에도 물류 시
스템, 마케팅 능력, 직영점 운영 여부 등도 체크해 봐야 한다. 창업
할 때 모두 잘 챙겨야 하는 사항이지만, 그래도 두 가지만 강조한
다면,

첫째는, 정보공개서를 잘 파악하라는 것이다.

특히 가맹점들의 운영 기간과 폐점 수를 꼭 체크해 봐야 한다.
이유는 오픈 후 평균 몇 년간 운영되고 있는지, 최근 폐점한 점포
수가 몇 점인지를 파악하는 것이 내가 오픈하고자 하는 점포의 운
영 기간을 미리 알아보는 것이기 때문이다. 수익이 나쁘면 금방 전
업하거나 폐점하기 때문에 운영 기간이 짧을 수밖에 없다. 브랜드
파워가 있다면 점포 수도 지속적으로 늘어나면서 운영 기간도 길
어지는 현상을 보일 것이다.

둘째는, 상품성이다.

고객의 니즈를 잘 파악하여 인기 있는 아이템을 얼마나 자주 론

칭하는지를 알아보라. 경쟁 업종 중에서 회자되는 브랜드를 체크해 보면 상품성이 가장 중요한 요인이다. 앞으로 R&D 담당 부서를 통해 신메뉴 개발에 포커스를 두지 않는 브랜드는 지속될 수 없다. SNS를 통해 각 브랜드마다 고객의 리뷰와 홍보 내용을 체크해 보면 금방 알 수 있다.

상권 선정하기

　코로나 팬데믹으로 3년 동안 외식업은 지옥이었다. 그래서 코로나 이전으로 돌아가기는 아마 힘들 것 같다. 이유는 그들이 가진 돈이 없기 때문이다. 그동안 겨우 먹고살았는데 모아 둔 돈이 있겠는가? 대부분 월세를 못 내 보증금을 다 까먹었을 거고, 또는 가진 재산 다 쓰고도 모자라 빚밖에 없을 것이다.

　그럼 앞으로 이런 현상이 자주 발생할 텐데 우리는 어디다 외식창업을 해야 하나? 그냥 있는 돈으로 라면만 먹고 살아야 하나? 그렇지 않다. 외식업으로 돈을 번 사람들이 많지만 알려지지 않고 있을 뿐이다. 각 상권들마다 잘되는 업종이 있고, 그래서 남들 모르게 엄청난 부를 축적하고 있는 사람들도 있다.

이 책은 돈을 많이 벌기보다는 투자한 자금을 날리지 않고, 소·확·행을 추구하며, 즐겁게 살기 위한 목적에서 출발한다.

"상권이란?"

외식업에서 상권이라 하면 내가 운영하는 식당을 방문하여 식사할 의향이 있는 고객들이 생활하는 지리적 범위, 트레이딩 에어리어Trading Area, 즉 실제 구매력을 가진 유효 소비자가 분포된 지역으로 볼 수 있다. 상품 판매가 가능한 지역적 범위로, '홍대역 상권', '성수동 상권' 등의 개념으로 사용된다. 그리고 이 지역에서 어디다 가게를 오픈할 것인가 고민하는데, 그 '어디에'가 바로 입지로케이션 선정이다. 즉 상권 내에 있는 점포 위치로, 한정적인 공간이다.

그러므로 그 상권의 로드맵을 그린 다음 1차로 유동인구가 어디서 어떻게 흘러가는지를 파악하고, 2차로 어디에 어떤 업종이 있는지를 철저하게 분석한 뒤에 입지를 선정하면 된다. 고객 입장에서 본다면, 가게를 쉽게 보고 찾아가는 가시성눈에 잘 띔과 접근성쉽게 이용 가능이 중요한 조건이다.

상권 분석 시 가장 고려해야 할 사항은,
\# 첫째, 나의 주요 고객이 어디에 분포하고 있는지,

둘째, 상권의 트렌드가 어떻게 변화되고 있는지,
셋째, 경쟁사 출현 가능성 여부이다.

첫째, 내가 창업하는 외식업의 잠재고객이 어디에 많이 흩어져 있는지를 알아야 시장규모도 예측할 수 있고, 또 마케팅을 통해 고객을 모셔 올 수 있다. 유동인구가 많은 특수상권은 예외다.

둘째, 상권의 변화에 대해서는, 앞으로 어떻게 바뀔지 미리 살펴보는 것이다. 인구 통계의 변화나 특히 도로나 전철역의 변화, 관공서 이동, 대기업 본사나 대형쇼핑센터 등은 상권을 완전히 변화시키기 때문에 세밀하게 조사해 봐야 한다.

마지막으로, 상권 변화에 따른 경쟁업체 등장 여부를 고려해야 한다. 대부분 돈을 좀 번다고 소문이 나면 금방 유사 업종이 들어와 가성비 전쟁을 벌인다. 그렇게 되면 지속적인 경쟁우위에 설 수 있는 어떤 차별성을 가지고 있거나, 아니면 맛과 품질과 서비스로 최선을 다하면서 3년 이상을 버틸 수 있는 자금을 가져야 살아남을 수 있다. 그렇지 못할 경우에는 수익 감소로 망하거나, 업종을 바꾸거나, 아니면 다른 상권으로 이동해야 한다. 그래서 동일 상권에서 같은 브랜드로 운영하는 기간이 평균 5년이 채 안 된다는 통계도 있다.

"이 업종에 적당한 상권인가?"

내가 원하는 업종이 특정 상권에 적합한지 체크하는 방법

내가 창업하고 싶은 외식 업종이 내가 관심 가지는 상권의 고객에게 가치를 제공할 수 있는지를 체크해야 한다.

창업 아이템의 주요 고객이 확정되면 그 고객들이 상권 내에 얼마나 많은지를 파악하는 것이 우선이다. 그다음은 진짜 고객들이 원하고, 기대하는 유용성이나 가치가 있는지 살펴보는 것이다. 즉 대중성과 희소성, 특별함이 있는지 알아봐야 한다. 이미 많은 사람들이 이 상권에서 장사하고 있는 업종이면 부적합하다. 그러나 경쟁을 극복할 수 있는 차별성을 가졌다면 도전해 볼 만하다. 대부분 다른 사람들이 금방 모방할 수 있는 업종이라면 경쟁우위를 지속적으로 유지하기가 어려운 것이 현실이다.

나홀로 창업의 경우는 무엇보다 메뉴의 독창성이나 서비스의 차별화가 가장 중요하다. 유사 브랜드가 많다고 하더라도 쉽게 모방할 수 없다면 성공할 것이다. 그러므로 동일 업종의 메뉴나 서비스를 경험해 보기 위해 많은 상권을 조사하며, 공부해야 한다. 직접 눈으로 보고, 귀로 듣고, 입으로 맛보고 평가하여, 경쟁우위에 있다면 그만큼 성공 확률이 높아진다.

상권 파악은 발로 직접 뛰며 데이터화하는 게 정석이며, 정도다. 쉽게 얻은 정보는 가치가 그만큼 없다고 보면 된다.

"이 상권에서는 어떤 업종을 해야 할까?"

특정 상권에 적합한 업종을 선택하는 경우 체크하는 방법

어떤 상권에서 특별히 창업을 해보고 싶다면, 먼저 이 상권이 다른 상권과 무슨 차이가 있는지를 파악해야 한다. 1) 고객 특성, 2) 지역 특성, 3) 상가 형태, 4) 매출의 네 가지 기준으로 조사한다.

먼저, 고객 분석으로 이용객들의 특성을 살핀다.

직장인과 거주민의 비율을 따져 보고, 유동인구의 비중도 고려한다. 특히 성별·연령대별 고객 구성비를 파악하고, 그들의 소득과 구매력도 알아보면 좋다.

그다음은 지역 특성을 살펴본다.

수도권, 광역시, 중소도시, 관광지 등 다양한 지역 특성은 고객의 동선에도 영향을 미치기 때문이다. 고객의 특성과 지역 특성을 함께 고려한다면 더 도움이 될 것이다.

특히 교통 수단과 교통 흐름이 중요하기 때문에 세밀하게 체크해 봐야 한다. 서울과 지방을 연결하는 대중교통의 정류장이나 전철역은 유동인구가 퍼져 나가는 출발점이자 모이는 종착점으로, 유동인구 유발의 핵심이다. 또한 어떤 업종이 해당 상권을 주도하는지, 상권의 중심이 어떻게 형성되어 왔는지도 직접 현장을 방문하여 로드맵을 그려 보면서 눈과 귀로 파악해야 한다. 그리고 부동산 중개소를 몇 군데 방문하여 상권 흐름에 대해 추가로 파악하면 더 좋은 정보가 된다.

셋째, 상가 형태에 따라서도 고객층이 다를 수 있다.

동네에서 흔히 볼 수 있는 일반상가(상가주택)나 아파트단지 내 상가는 대부분 동네 주민들이 주 고객이 될 것이다. 그리고 주상복합이나 오피스텔 건물의 상가는 건물 입주자들이 주 고객일 것이다. 도시 내 메인 상권에 위치한 중심상가는 다양한 고객층을 가지고 있을 것이다. 그러므로 상가 형태에 따른 주 고객층의 소득수준이 얼마가 되는지에 따라 점포 사이즈를 고려하여 업종을 선택하면 된다.

마지막으로, 매출이다.

어느 시간대에 상권이 활발한지, 구매가 발생하는지를 직접 현장을 방문하여 체크해 봐야 한다. 그냥 지나치는 행인과 소비층을 구분해야만 실제 도움이 된다. 그리고 요일별·월별·계절별로 매출에 영향을 미치는 것이 무엇인지, 소비 수준이 어느 가격대에 형성되는지도 살펴보면 좋다. 특히 정차되어 있는 택시 기사들에게 물어보면 고객 이동에 대해 정보를 얻을 수 있다. 어떤 시간대에 어떤 사람들이 주로 이용하는지를 잘 알고 있기 때문이다.

상권 분석은 시간과 노력이 필요하며, 직접 현장에서 답을 찾는 게 가장 정확하고, 또 가치 있는 정보이다. 1차 500미터 _{전체 고객의 50~70%}, 2차 1,000미터 _{전체 고객의 20% 이상} 내의 상권을 중심으로 어떤 업종들이 어디에 몇 평 정도의 규모로 운영되고 있는지를 지도에 표시하면 느낌이 올 것이다. 남에게 맡기지 말고 본인이 직접 챙겨야 한다.

"업종별 추천하는 상권"

다음은 코로나 전후 매출 추이를 분석하고 최근 코로나 종료에 따른 동향을 파악한 후 업종별 추천하는 상권이다. 향후 외식창업할 경우 상권 선택에 도움이 됐으면 한다.

참고로 세상에는 좋은 상권, 나쁜 상권이란 존재하지 않는다. 이유는 그 상권의 가치에 합당한 임대 조건이 있기 때문이다. 편의상 좋은 입지와 나쁜 입지, 부동산 비용이 비싼 입지와 저렴한 입지, 유동인구가 풍부한 입지와 부족한 입지 등을 구분하기 위한 상대적 개념이다.

외식창업 셀프 진단평가에서 80점 이상이 나왔고, 본인이 가장 자신 있고 잘하는 업종을 선택하여, 적합한 상권에 창업한다면 90% 이상은 성공할 수밖에 없다.

김밥이나 떡볶이, 우동, 핫도그 같은 분식 업종은 인건비를 고려할 때 수익성이 낮은 사업이다. 예를 든다면 시간당 10,000원의 인건비로 메뉴를 제조할 때, 김밥은 개당 4,000원짜리 20개를 만들어 판다면 매출은 80,000원이고, 원가율이 40%라면 매출이익은 48,000원이다. 여기서 인건비 10,000원을 빼면 수익은 38,000원이다. 그렇지만 구매단위가 높은 9,000원짜리 소고기국밥을 20개 팔았다면 매출은 180,000원이고, 원가율이 50% 실제는 더 낮은데 예시로 높게 잡음라고 가정하더라도 매출이익은 90,000원이다. 여기서 인건비 10,000원을 차감하면 수익은 80,000원으로, 김밥에 비해 약 2배 이상의 수익 차이가 발생한다. 시간당 인건비가 동일하다면, 원가율이 높더라도 개당 공헌이익이 많은 품목을 선정해야 효율적이다.

여기서 말하고자 하는 것은 인건비는 높고 구매단위는 낮은 품목인 경우에는 수익창출에 한계가 있다는 것이다. 그러므로 분식 사업은 유동인구가 많은 상권, 즉 공항이나 KTX 역사, 대형몰, 전철역, 백화점 등에 적합하다. 이런 곳은 높은 매출을 유지할 수 있기 때문에 인건비와 임대료를 커버할 수 있다.

그렇지 않으면 주택가 상권에서 부부가, 혹은 점주와 아르바이트 직원 한 명 정도로 소·확·행 차원에서 창업했을 때 큰 문제가 없다고 본다. 주택가 로드숍 경우에는 단체주문이 많아야 한다. 종교단체나 각종 동호회 등에서 아침이나 점심, 저녁 예약 매출을 가지고 와야 유지할 수 있다.

그리고 주택가는 주말에 오히려 매출이 낮은 경향이 있기 때문에 365일 영업을 하지 말고, 주말에 하루 정도 쉬어도 좋다. 그래야 건강도 챙기고, 가족들과 행복한 시간을 보내면서 오랜 기간 사업을 유지할 수 있다.

상권분석 2 햄버거 상권

햄버거는 코로나 팬데믹으로 방문고객 감소보다는 배달 매출 증가로 전체 매출 감소 폭이 다른 업종에 비해 작았고, 코로나 엔데믹 이후에는 배달 매출은 다소 감소하였지만 방문고객 증가로 매출 신장을 하고 있는 상태이다. 물론 햄버거에 대한 인식 변화도 큰 역할을 했다.

코로나 시기에는 전철역이나 주택가 점포는 코로나 전 대비 매출이 증가했지만, 대형몰이나 마트·백화점은 반대로 큰 폭의 매출 감소를 보였다. 그러나 지금은 모든 상권에서 매출이 활성화되고 있다. 향후 코로나 같은 사태가 다시 벌어진다면, 안정적인 사업을 유지하는 것이 더 중요하다. 그러므로 유동인구가 많은 전철역 중

배후에 아파트단지나 주택가 등이 있는 상권을 추천한다. 그리고 상주인구가 일정하게 유지되고 있는 주택가 중에서도 배후에 학교나 학원가가 있으면 더 좋다. 평일이든 주말이든 지속적으로 영업을 할 수 있기 때문이다.

오피스 상권에서는 다소 차이가 있겠지만 점심시간 전후에는 정말 잘된다. 문제는 저녁과 주말인데, 직장인들의 라이프스타일 변화와 근무형태 다양화 그리고 야근 지양 등으로 생각보다 매출이 저조한 편이다.

상권분석 3 **커피/음료 상권**

커피는 코로나 팬데믹으로 피해를 가장 많이 본 업종 중의 하나이다. 공간에서 담소를 나누는 곳인데 앉아서 대화를 못 하게 하니 당연히 절대적 매출 감소와 폐점이 증가하였다. 모든 상권에서 매출 감소 폭이 가장 컸다. 평소 집객이 많았던 쇼핑 공간일수록 감소 폭이 더 심했고, 직장인들이 많은 오피스 상권에도 매출 감소가 크게 나타났다.

그나마 전철역 상권은 그 폭이 심하지 않았다. 이번 코로나 팬데믹은 점포 방문 자체를 제한한 경우라 정상적인 영업환경으로 볼 수 없다. 그러나 전철역 상권 내 입지 점포는 상대적으로 매출 감소 폭이 가장 적게 나타났다는 것을 기억하자.

지금은 다시 활성화되어 커피 창업을 선호하고 있다. '월간 프랜차이즈 동향' 2022년 12월호에 의하면, 예비 창업자들의 관심이 가장 많은 업종이 커피 창업이라고 한다.

커피 사업은 사람들에게 공간을 제공하며, 또는 테이크 아웃으로 커피나 음료를 판매하는 비즈니스다. 그러므로 유동인구가 많은 곳이 유리하다. 전철역 주변 입지가 우선이고, 오피스 주변도 주말 매출을 기대하지 않는다면 나쁜 편은 아니다. 최근에는 주택가 입지도 떠오르고 있는데, 이유는 주부나 학부모들의 담소 장소로 활용되기 때문이다.

상권분석 4 **도넛 상권**

도넛은 간식으로 점포 내 취식도 하지만 포장해서 가는 경우도 많다. 취급 품목이 커피와 아이스크림 등 다양하다 보니 커피 전문점보다는 코로나 팬데믹 영향을 덜 받았다. 그러나 대형몰이나 백화점처럼 집객이 많은 쇼핑몰은 상대적으로 매출 감소가 심했고, 반대로 전철역 같은 유동인구가 일정하게 있는 곳은 T/O 고객이라도 있다 보니 오히려 매출이 증가한 경우도 있다. 연초·연말 및 5월에는 상대적으로 다른 외식업보다 매출이 호전되었는데, 이는 가족들과 함께 즐기기 위한 테이크 아웃이나 선물로 많이 사용된 이유 때문이다.

도넛은 국내 두 개 빅 브랜드로 볼 수 있다. 코로나 전 많은 점포들이 사라졌는데, 지금은 커피와 드링크류 보강으로 매출 및 손익이 개선되고 있는 상태다. 특히 고속도로 휴게소나 KTX 역사 내 점포는 간단한 간식거리로 "도넛과 커피 한잔"을 생각하기 때문에 매출이 증가 추세에 있다고 한다. 커피와 다양한 음료를 함께 취급하다 보니 방문 고객층, T/O 고객층, 그리고 배달 고객층까지 확대되어 경쟁력이 강해졌다고 한다.

추천 상권으로는 T/O와 배달이 가능한 유동인구가 많고 주택가를 끼고 있는 역세권 또는 오피스 지역을 끼고 있는 역세권이 가장 유리하다고 본다. 그리고 코로나 팬데믹 같은 일이 재발하지 않으면 365일 영업 가능한 특수상권인 공항, KTX 역사, 고속도로 휴게소 등도 적극 추천한다.

상권분석 5 레스토랑 상권

한식, 양식, 중식 등의 레스토랑 사업은 공간에서 음식을 판매하는 곳으로 커피 사업, 주점 사업 다음으로 코로나 팬데믹 영향을 많이 받은 사업 분야다. 집객의 어려움으로 힘든 시기를 보냈지만 지금은 호전되어 로드숍을 빼고는 활성화되고 있는 상태다.

코로나 이전부터 1~2인 가구 증가와 SNS 발달로 맛집을 향한 고객 트렌드 변화로 인해, 이제는 평범하거나 차별성이 없는 레스토랑은 매출부진에 시달릴 수밖에 없다. 결론적으로 레스토랑 사업은 방문하여 식사할 수 있는 고객층이 많은 지역인지, 그리고 식사 비용을 지불할 수 있는 소득수준을 가진 지역인지를 고려하여 메뉴와 가격 정책을 수립하는 것이 더 중요하다.

그러므로 가능한 한 할인행사 등의 판촉은 하지 말고, 직원교육을 통해 메뉴의 품질과 고객 서비스에 집중한다면, 많은 돈은 못 벌지만 어떤 상권에서도 망하지 않는다고 본다. 특히 동네 상권에서는 단골 고객이 제일 중요하며, 대부분 우리 가게를 알 것이라고 생각하고 지속적인 마케팅 활동을 하지 않는데, 그것은 큰 착각이다.

'월간 프랜차이즈 동향' 2022년 12월호에 의하면, 예비 창업자들이 창업 문의를 가장 많이 한 업종이 한식 분야라고 한다. 그만큼 진입장벽이 낮다는 의미이며, 누구나 적은 투자비로 시작할 수 있다고 생각하기 때문이다. 코로나 팬데믹 같은 일이 다시 발생한다는 가정하에 주택가를 끼고 있는 역세권이나, 전철역을 끼고 있는 오피스가, 학원가를 추천한다. 이유는 변동성이 거의 없기 때문이다.

전문점 형태의 레스토랑은 상권범위가 넓기 때문에 맛에서 노하우와 경쟁력이 있다면 멀리서도 찾아온다. 즉 입지의 영향을 덜 받는 편이다.

상권분석 6 주점 상권

코로나 팬데믹 영향을 가장 많이 받은 업종이다. 주점 중 20~30% 이상이 전업하거나 폐업할 정도로 어려웠다. 지금은 많이 회복되었지만 아직도 코로나 이전까지 가기에는 시간이 더 필요하다.

직장인들의 라이프스타일 변화와 회식 문화의 실종, 그리고 혼술·홈술 트렌드로 주점 브랜드들이 과거처럼 활성화될지는 모르겠지만, 최근 업계 이야기를 들어 보면 다른 업종 포화로 인해 상대적으로 주점 브랜드가 블루오션이라고 한다. 그동안 억제된 소비가 폭발하기라도 해서인지 ○○야시장 한 점주분은 하루 200만 원 이상 찍는다고 자랑한다.

주점은 일반 레스토랑에 비해 부가가치가 높은 편이다. 그래서인지 요즘 주점 브랜드 프랜차이즈의 가맹점 모집광고가 많아졌다. 주점은 새벽까지 영업하는 것과 가끔 주사를 부리는 손님 이외에는 큰 문제점이 없다. 전철역 인근의 로데오거리나 오피스 상권, 대학가 상권 등 술집들이 모여 있는 곳에서 창업하는 것이 좋다. 그리고 아파트단지 입구 근처의 대로변도 퇴근 후 자동차를 집에

주차하고 지인들끼리 모여 간단하게 한잔하는 경우가 많기 때문에 나쁘지 않다. 인지도와 선호도가 높은 파워 브랜드를 선택해서 오픈하면 더 성공할 수 있다.

상권분석 7 특수상권① 인천공항 상권

코로나 팬데믹으로 해외여행 자체가 불가하다 보니 가장 큰 타격을 받은 곳은 인천공항 상권이다. 거의 모든 영업장이 영업중지 상태에 들어갔다. 매출액이 0원이다 보니 점주도 오픈할 수 없고, 그러니 직원들도 모두 떠날 수밖에 없었다. 그 결과 그들은 생활고에 시달리다 타 업종으로 많이 이동하였다.

코로나 시기에 공항 근무자와 항공사 직원 대상으로 영업한 유일한 식당이 있었는데, 그곳이 한식전문점 '소문'과 '서울' 두 곳이다. 적자를 보면서도 직원들 생계 때문에 문을 닫지 않고 영업을 했다고 한다. 참으로 대단하고 존경스러운 점주분이다. 2년간 적자에도 불구하고 영업을 계속한 두 곳은 위드 코로나 때부터 흑자로 전환되어 지금 시점에서는 가장 혜택을 많이 보고 있다. 다른 영업장은 처음부터 휴점한 상태에서 재개점하다 보니 인력채용의 어려움으로 오픈이 지연되기도 하고, 또는 영업시간을 단축할 수밖에 없었다. 그러니 그 고객들이 어디로 가겠는가? 지금은 최고의 매출을 기록하고 있다고 한다. 여기서 한 가지 배울 점은, 비수기 때 힘들어도 정상적인 영업활동을 유지하면 성수기 도래 시에는 다른 점포보다 엄청난 성장을 할 수 있다는 사실이다.

공항은 대부분 대기업에서 일정한 공간을 위탁받아 자체 브랜드와 입찰을 통해 재위탁한 MD^{Marchandise}를 구성하여 운영하는 시스템이다. 그렇다 보니 임대료가 높을 수밖에 없다. 경쟁입찰로 정하다 보니 높은 수수료를 제안한 업체가 선정된다. 그 결과 고매출임에도 불구하고, 수익률은 생각보다 많지 않다는 것이다. 그 대신 모든 업종이 잘되고 직원채용의 어려움이 없다는 장점이 있다.

코로나 전까지는 해외 출입국자의 지속적인 증가로 공항은 매출이 계속 신장하였다. 코로나 이전만 해도 황금알을 낳는 곳으로 알려졌던 곳이다. 그러나 코로나 이후는 달라졌다. 다행스러운 것은 코로나 기간 동안 공항공사에서 고객수 감소 비율만큼 수수료를 차감해 주었다는 것이다. 그리고 지금은 해외여행객의 증가로 80% 이상 활성화되었으나, 아직도 인력난에 시달리고 있다고 한다. 그렇다 보니 인건비와 식재료비 때문에 채산성을 맞추기가 어려워졌다. 많이 팔아도 가져가는 것은 코로나 전보다 더 작아졌기 때문이다.

소·확·행을 추구하는 예비 창업자들은 공항 상권에는 일절 관심을 두지 말자. 유명한 맛집으로 이름을 알리게 되면 자연스럽게 연락이 올 것이다. 그리고 고객들이 컨베이어 벨트를 타고 몰려오는 것처럼 365일 출근해서 일해야 하는데, 과연 내가 감당할 수 있는지 꼭 따져 봐야 한다.

상권분석 8 특수상권② 고속도로 휴게소 상권

고속도로 휴게소_{도로공사가 관리하는 임대 휴게소와 민간기업이 투자해 휴게소를 짓고 20~30년간 운영 후 도로공사에 기부채납하는 민자 휴게소로 나뉘는데 여기서는 후자} 경우는 코로나 시기엔 인천공항보다는 나은 편이었다. 여기도 이제 80% 이상 호전되었지만, 코로나 전에 비하면 적자운영 점포가 많은 상태다. 휴게소 관계자에 의하면 떡볶이, 오뎅, 핫바, 호두과자 등 즉석식품을 판매하는 데일리 코너는 코로나 이전만큼 회복되었지만, 건물 내부에 위치하는 전문식당이나 푸드코트는 회복 시간이 더 필요하다고 한다. 이유는 안으로 들어와서 식사하는 것을 꺼리는 경향이 있기 때문인데, 곧 해소되리라 생각된다.

휴게소의 문제점은 높은 수수료와 인력난이다. 수수료_{임대료+공용관리비 포함 40~45% 내외} 건은 경쟁입찰로 높게 제안한 결과이고, 인력난은 휴게소 자체가 도시와 떨어져 있는 입지 때문이다. 기숙사 생활을 하거나 아니면 휴게소 서틀이나 자차로 출퇴근하는 방법뿐이다. 그래서 젊은 친구들이 근무하기가 힘들고 꺼려 하는 곳이다 보니 나이 드신 분들이 대부분이다. 혹시라도 누가 그만두면 대체인력 구하기가 너무 힘들다. 휴게소 상권은 국가에서 수수료에 관심을 가지고 개선하기 전까지는 수수료^{임대료}, 인력난, 인건비 때문에 매력이 점점 사라지고 있다.

상권분석 9 특수상권③ KTX 역사 상권

KTX 역사 또한 유동인구가 많은 곳이다. 서울역, 부산역, 대전역 등 주요 역마다 다양한 F&B^{Food and Beverage} 점포로 구성되어 있어 여행객들에게 만족감을 느끼게 한다. 코로나 팬데믹의 긴 터널을 빠져나오고 있는 상태라 지금은 다시 활성화되고 있다.

코레일 측에서도, 시간대별 고객들의 니즈가 다양하다 보니 그들의 욕구를 만족시키기 위해 해외에 나가서도 아이템을 찾아온다고 한다. 출장이나 여행의 교통수단이 다양한 만큼 고객을 위해 공부하고 연구하여 차별화를 위해 노력하는 것 같다.

임대수수료 측면에서는 공항이나 고속도로 휴게소보다는 합리적이다. 코레일에서 직접 관리하며, 소상공인들에게 입점 기회를 많이 주고 있다. 대금 회수도 월 2회라 훨씬 유리하다.

그리고 인력은 대부분 그 지역 사람들로 채용하기 때문에 전혀 문제가 없다. 그래서 창업을 생각하는 사람들은 KTX 역사 상권에 관심을 가지고 도전하는 것이 더 성공 가능성이 높을 것이다.

결론이다. 코로나 팬데믹 같은 통제 불가능한 변수가 발생하지 않는다면 당연히 유동인구가 많은 대형쇼핑몰, 공항, 고속도로 휴게소, KTX 역사 등은 F&B 사업이 잘되는 상권이다. 그리고 여러 노선이 교차하는 전철역을 끼고 있는 오피스가, 주택가, 학원가 등도 좋은 상권에 속한다.

그러나 향후 코로나 팬데믹 같은 일들이 자주 발생한다면, 우리 같은 소상공인 창업자들은 어떻게 해야 될까? 심각한 타격을 받지 않는 상권에 창업하는 것이 옳다고 생각한다.

그리고 직장인들의 라이프스타일 변화로 인해 과거에 비하면 저녁과 주말 매출이 부진하다. 상대적으로 집에 일찍 들어가거나, 자기계발을 위해 공부하거나, 휴식을 위해 교외로 많이 나가는 분위기로 변했다.

이런 것들을 모두 고려하여 나의 소중한 돈으로 창업을 하게 된다면, 대박보다는 오랜 기간 사업을 유지할 수 있는 곳으로 가야 한다는 결론이 나온다. 그래서 통제 불가능한 변수가 나타나더라도 나름 안정적인 입지로 생각되는 곳은 바로 다음과 같다.

\# 역세권 상권 - 주택가를 배후지로 하고, 교통을 이용하려는
  전철역이나 버스정류장

\# 주택가 상권 - 학교나 학원가를 끼고 있는 일반 주택가와 아
  파트단지

앞에서 말했지만 좋은 상권, 나쁜 상권은 없다. 그 이유는 임대조건에 가격 차이가 반영되어 있기 때문이다. 유동인구가 많은 상권은 그만큼 임대료가 높을 것이고, 유동인구가 상대적으로 적은 곳은 임대료가 낮을 것이기 때문이다. 그러므로 어떤 업종을 창업하든 반드시 상권에 대한 사전조사 후 오픈하는 게 실패할 확률을 줄이는 길이다.

Chapter 5

창업 전후
전문가 당부 사항

나이대별 다른 창업 마인드가 필요하다

5장은 가족과 함께 공부하고 고민한 결과, 어려운 결심을 하고 창업을 시작한 분들에게 당부하고 싶은 내용이다. 점포운영은 상식적인 관점에서 판단하여 진행하면 큰 문제가 없다. 그 상식의 기준이 사람마다 다를 수 있지만, 고등학교에서 배운 사고방식이면 충분하다고 생각한다. 프랜차이즈 가맹본부에서 배운 대로, 공부한 매뉴얼대로만 해도 망하지 않는다는 것을 잊지 말자.

"젊을 때 창업, 이렇게 승부 보라"

우선, 나이대에 따라 적합한 창업 분야가 있다. 창업에는 시기

가 있다고 생각한다. 그래서 젊은 나이대^{20대~40대}에는 건강하고 열
정이 있기 때문에, 힘들어도 돈이 되는 사업을 하는 게 좋다. 남들
이 어렵고 힘들다는 아이템을 찾아 시간과 열정을 투자한다면 성
공할 수 있다. 그런 측면에서 주점, 한식, 양식 등을 365일 영업할
수 있는 상권에서 창업하면 좋을 것 같다.

뉴욕야시장 주점 브랜드 총괄 시절, 경기도 대단위 아파트단지
입구 도로변에 오픈한 점포를 "왜 잘되는가?"를 알아보기 위해 방
문한 적이 있었다. 40대 초반 부부가 직원 두 명을 데리고 운영하
는데, 테이블에 나온 메뉴의 품질이 달랐다. 마치 직영점에서 먹는
듯한 맛과 품질 그리고 비주얼이었다. 브랜드 특성상 다양한 이국
적인 메뉴가 많아, 주방에서 숙련되어야 시간에 맞춰 나오는 안주
요리이다. 그런데도 주방에서 점주인 남편이 직접 조리를 하며 품
질을 유지하고 있었다. 홀은 사모님이 주문받으며 고객과 스몰톡
을 하는데, 서비스 마인드와 자세가 남달랐다. 메뉴가 나오면 항상
즐겁게 드시라는 멘트와 함께 기분 좋은 인사를 건넸다.

잠시 시간을 내어 30여 분 동안 두 분과 대화를 나눠 보니, 부부
가 연구를 많이 한 흔적이 보였다. 그래서 2년 반 만에 대출 2억을
모두 갚고 지금은 너무 행복하다고 한다. 명절 이외에는 하루도 쉬
어 본 적이 없고, 저녁부터 새벽까지 일하다 보니 돈 버는 재미에
다른 것은 관심도 없다고 했다.

물론 나의 모든 시간과 청춘을 바쳤는데 돈을 버는 건 당연하다고 생각할 것이다. 그런데 그렇지 못한 경우가 많으니 안타까운 일이다. 외식업에서 돈을 벌었다는 것은 신성한 노동의 대가, 열정적인 근무 시간의 결과, 그리고 점주의 정성이 모여 만든 창작물이다.

"50대 이상 창업, 이것을 주의하라"

나이가 좀 있는 50대 이상은 어떨까? 이 경우에는 워라밸을 추구할 수 있는 업종과 상권에 창업하는 것이 적합하다. 그리고 아내를 대표로 내세우고, 남자 혼자서는 절대 외식창업을 하면 안 된다. 이유는 기본적으로 조리 능력이 부족하고, 대체로 서비스 마인드도 없고, 또 자신을 꾸밀 줄 모르기 때문에 고객들도 싫어한다.

오랜 시간 일할 수 없기 때문에 커피&디저트, 베이커리, 편의점 등 유통업, 아이스크림숍 아이템으로 접근하는 것이 좋다. 이유는 OP가 간편하고, 근무환경도 깨끗하며, 무엇보다 밤늦게까지 일하지 않아도 되기 때문이다. 아울러 직원채용도 쉽다. 힘들고, 어렵고, 근무환경이 좋지 않은 업종에는 젊은 친구들뿐만 아니라 대부분의 사람들이 근무하기 싫어한다.

물론 돈을 많이 벌어 자식 교육 및 결혼 비용도 준비해야 되겠지만, 외식창업으로 그런 목적 달성은 거의 불가능하다. 더 젊었을 때 도전했다면 다양한 경험과 가치를 얻어 성공의 길로 가지 않았을까 생각한다. 50대 이후는 번 돈을 쓰는 시기에 접어들기 때문에, 가능한 한 얼마나 적게 쓰느냐가 목표가 되어야 한다. 그리고 70대까지 지속적으로 일을 한다고 생각하고 창업하는 것이 현실적인 생각이며 자세이다.

아무튼 건강을 챙기면서 사회에 참여하고 봉사한다는 것을 보람으로 생각하며 창업을 한다면 분명 성공할 것이다. 주말에 쉴 수 있는 오피스 상권이나 아파트단지 같은 주택가에 부부가 할 수 있는 업종을 찾는다면, 퇴직 후 무기력한 자신을 극복하며, 삶에 새로운 활력소가 될 것이다.

간혹 대기업 출신이라, 또는 사회적 위치가 있어 작은 규모는 체면상 안 된다고 생각하고, 큰 평수의 메이저 브랜드를 창업하는 경우가 있다. 이것은 만용이다. 업에 대한 본질도 모르면서, 관리자를 두고 폼만 잡겠다는 것은 100% 실패로 가는 길이다. 초기에는 본부에서 도와주겠지만 시간이 갈수록 매출 유지가 어렵다.

점주는 매출에만 관심을 가지고 운영은 관리자에게 맡긴다. CCTV를 보며 직원들에게 피드백을 주다 보니 실제 점포에서 어찌 돌아가는지를 체크할 수 없다. 직원들도 감시받는 느낌으로 일하니 즐거울 수가 없다. 점포운영이 잘되겠는가?

이런 스타일의 점주는 가맹본부에서도 이제는 싫어한다. 이유는 브랜드 이미지 훼손과 매출 부진으로 인해 유통 마진도 줄어들기 때문이다. 그러므로 체면보다는 실속을 추구하고, 오픈 후에는 최소 6개월간 현장에서 마스터한 뒤에 관리하는 시스템, 즉 오토 Auto 로 운영하도록 해야만, 일정한 수익도 창출하면서 여유로운 생활도 가능해진다.

소 · 확 · 행을 추구하라

2022년 통계청 가계금융복지조사 자료를 보면, 은퇴 임박한 5060의 순자산 부동산 + 금융자산 - 부채이 평균 3억 원 정도라고 한다.

40대는 2억9,000만 원, 50대는 3억2,000만 원, 60대는 3억1,000만 원이다. 상위 30% 평균은 40대는 5억4,000만 원, 50대는 6억1,000만 원, 60대는 5억9,000만 원이라고 한다. 나이가 들수록 자산이 줄어드는 이유는 소득이 끊긴 이후 생활비를 마련하기 위해 계속 헐어서 쓰기 때문이다.

그러면 100세까지 산다는 가정하에 우리의 노후는 안전할까? 이런 측면에서 고민해 봐야 한다.

"예금으로 생활하기?"

보통 직장인들이 일을 그만두면 퇴직금과 위로금 등으로 손에 쥐는 돈이 대략 2억 원 내외이다. 성공한 임원 출신이나 재테크를 잘한 사람은 더 많은 부를 축적했겠지만, 대부분의 보통 사람들은 자녀 공부 등에 투자하다 보면 남는 것은 집 한 채와 퇴직금, 얼마 안 되는 예금, 그리고 국민연금뿐인 경우가 많다.

이 돈을 은행에 넣고 노후생활을 준비한다면 단순하게 월 얼마 정도를 생활비로 사용 가능할까? 만 56세부터 75세까지 20년간을 시뮬레이션을 통해 계산해 보자.

2억 원을 연이율 2% × 20년 계산하면 이자가 8,000만 원, 원금 포함 총 2억8,000만 원이다. 다달이 꺼내 쓰면 1,167,000원이 된다. 20년 동안 예금을 털어 쓰고, 대략 100만 원의 국민연금을 61세에 조기수령한다고 가정할 때는 어떻게 될까? 다소 모순이 있지만, 순자산 6억1,000만 원인 50대 상위 30%를 대상으로 단순하게 계산해 보자.

	56~60세	61~75세	76세~
예금(원금+이자)	월 1,167,000원	월 1,167,000원	-
국민연금	-	월 1,000,000원	월 1,000,000원
계	월 1,167,000원	월 2,167,000원	월 1,000,000원

76세부터는 예금 2억 원 소진으로 국민연금과 남은 순자산 4억 1,000만 원뿐이다. 세금과 건강보험료, 경조사비 등을 부담해야 하므로 빠듯한 생활이 예상된다.

예금 3억 원을 쓴다면 어떻게 될까? 3억 원을 연이율 2% × 20년 계산하면 1억2,000만 원, 원금 포함 총 4억2,000만 원이다. 다달이 1,750,000원이 된다.

	56~60세	61~75세	76세~
예금(원금+이자)	월 1,750,000원	월 1,750,000원	–
국민연금	–	월 1,000,000원	월 1,000,000원
계	월 1,750,000원	월 2,750,000원	월 1,000,000원

76세부터는 예금 3억 원 소진으로 국민연금과 남은 순자산 3억 1,000만 원뿐이다. 75세까지는 2억 원 예금자보다 58만 원 정도 월 생활비를 풍족하게 사용하나 세금과 건강보험료, 경조사비를 부담해야 하기 때문에 큰 차이는 없을 것 같다.

"이 돈으로 창업을 하면 어떻게 될까?"

2억 원을 예금하는 대신 창업에 투자한다면 어떨까? 부부가 바쁜 시간대에 직원 3~4명 정도 채용해서 운영하는 것으로 가정한 사례이다. 수치는 100% 정확하지 않기 때문에 흐름만 참고하면 좋을 것 같다.

- 권리금 + 보증금 8,000만 원
- 인테리어/기기장비 1억1,000만 원, 가맹금/교육비 1,000만 원 등 1억 2,000만 원
- **총 투자비 2억 원**(대출 0원)

- 매출 2,000만 원(일 67만 원×30일 영업)
- 원가 800만 원 :40%(커피&디저트 경우 35%)
- 인건비 500만 원 :25%(부부 + 직원 3~4명)
- 월세 200만 원 :10%
- 감가상각비 184만 원 :9.2%
- 기타 관리비 100만 원 :5%
- **수익 10.8%, 216만 원**(2,592만 원/연) **발생**

    (최저 수익률 적용 ⇒ 원가, 인건비 등 5% 이상 개선 가능)

리모델링 비용은 제외하고, 권리금/보증금 100% 회수를 전제로 한다. 사업을 하는 동안 월 수익은 216만 원이며, 76세 이후 사업을 접은 후 돌려받은 보증금 8,000만 원을 25년으로 나눠 다달이

267,000원이 되는 것을 가정한다. 그러면 다음과 같은 계산이 나온다.

	56~60세	61~75세	76세~
수익	월 2,160,000원	월 2,160,000원	월 267,000원
국민연금	–	월 1,000,000원	월 1,000,000원
계	월 2,160,000원	월 3,160,000원	월 1,267,000원

76세부터 남은 자산은 4억 1,000만 원에 보증금/권리금 8,000만 원이 보태진다.

"예금? 창업? 선택은 나의 몫"

50대 평균 순자산 중 일정 금액 예금을 단순히 생활비로 사용하는 경우와 창업하는 경우로 비교해 보았다. 하나는 2억 원을 은행에 넣어 두고 사용하면 75세까지 매월 120만 원 정도 생활비로 찾아 쓰는 경우이고, 다른 하나는 투자를 통해 창업을 하는 것이다. 권리금과 보증금은 돌려받는다고 생각하고 실제 투자금액은 1억 2,000만 원이다.

[예금과 창업 시 수입 비교표(현금 2억 기준)]

		56~60세	61~75세	76세~	비고
예금	원금 + 이자	월 1,167,000원	월 1,167,000원	-	▶예금 2억 원 소진(20년간)
	국민연금	-	월 1,000,000원	월 1,000,000원	▶조기수령 + 물가변동 미반영
	계	월 1,167,000원	월 2,167,000원	월 1,000,000원	
창업	수익	월 2,160,000원	월 2,160,000원	월 267,000원	▶8,000만 원 (보증금)/25년
	국민연금	-	월 1,000,000원	월 1,000,000원	▶조기수령 + 물가변동 미반영
	계	월 2,160,000원	월 3,160,000원	월 1,267,000원	
차이(창업-예금)		993,000원	993,000원	267,000원	▶순자산 4억 1,000만 원 보유

부부가 고생하여 매월 216만 원을 생활비로 사용할 수 있고, 임차료만 협의된다면 75세까지도 일할 수 있다.

여러분들이라면 어떤 경우를 택하겠는가?

은행 예금 후 원금과 이자로 생활하면서 소일거리를 찾든지, 아니면 돈에 대한 욕심보다는 일을 하면서 보람을 찾는 소·확·행 창업을 하든지 의사결정을 해야 한다.

각자 처한 환경이 다르기 때문에 정답은 없다. 그러나 주변 지인들이 생활비를 아껴 쓰면서 무기력하게 보내는 것을 볼 때 저런 노후는 아니라는 생각이 들었다. 물론 다양한 인생 2막이 있겠지만, 자기 상황에 맞는 어떤 형태의 창업을 하는 것이 더 좋다고 생각한다. 젊은이들처럼 고민도 하고, 공부도 하며, 체력적으로 무리하지 않게 노력한다면 오히려 더 삶의 활력소가 될 것이다.

　힘들면 직원을 한 명 더 채용해서 운영하면 된다. 중년을 넘은 나이에 무리해서 일을 하면 몸에 병이 생길 수도 있기 때문에, 워라밸을 추구하는 창업으로 생활비도 벌면서 건강하게 사는 게 정답이다.

　만약 창업이 실패한다면? 그러면 1억 2,000만 원을 날리는 것이다. 그러나 프랜차이즈 가맹 창업 경우에는 상대적으로 실패할 확률이 낮다. 그만큼 검증된 브랜드이고, 본부에서 누적된 데이터를 가지고 상권을 분석하여, 100% 정확하지는 않지만 예상 수치를 제시해 주기 때문이다. 이를 근거로 본인의 판단과 노력 여하에 달려 있기 때문에, 도전하더라도 크게 두려울 게 없다.

QSCH 매뉴얼은 반드시 지켜라

외식의 기본은,

\# 레시피를 준수하는 메뉴의 품질 유지 [Q]

\# 고객만족을 위한 정성스러운 서비스 [S]

\# 점포 환경의 청결한 상태 관리 [C]

\# 점포 내 기기/기물/식자재 등의 위생 관리 [H]

즉, 품질/서비스/청결/위생의 QSCH이다.

그 이유는 맛과 서비스에 대한 고객만족도 향상과 더불어 청결/위생 관리로 리스크를 예방하자는 것이다. 식중독 발생이나 영업정지, 과태료 발생 등은 이미지 저하와 함께 손익에 막대한 영향을 줄 수 있기 때문이다.

"품질·서비스·청결·위생은 기본 중의 기본이다"

특히 이 정도면 먹을 만하다고 생각하는 순간 고객은 도망가기 시작한다는 것을 잊어서는 안 된다. 아무리 점포운영이 어렵다 하더라도 품질만은 반드시 매뉴얼대로 만들어 주어야 향후 매출신장의 희망이 있다. 차가운 음식은 차갑게, 뜨거운 음식은 뜨겁게 먹을 때 고객만족이 극대화된다는 것을 잊지 말자.

그러기 위해서는 점주가 직접 식자재 준비와 보관 상태뿐만 아니라 메뉴를 만드는 각종 기기의 온도 및 세팅 상태도 체크해 봐야 한다. 그리고 주방과 홀의 청소 상태, 의탁자와 홀 조명 상태도 챙겨 봐야 한다. 마지막으로 고객의 접점에서 서비스를 담당하는 직원의 출퇴근과 컨디션을 파악해 사전에 문제점을 차단하는 것도 빼놓지 말아야 한다.

이 정도 수준만 유지한다면 그 점포는 절대 망하지는 않을 것이다. 그런데 대부분의 창업자들은 몸이 피곤해서, 일할 사람이 없어서, 수익이 적어서, 그리고 이렇게 해도 고객이 오는데… 라면서 소홀히 한다. 그리고 교육받은 대로 하지 않고, 비상한 머리로 편법을 잘 활용한다. 그런 결과가 나중에 경쟁 브랜드가 들어오거나, 대체 브랜드가 생기면 바로 쇠락의 길로 가게 된다는 것을 명심했으면 좋겠다.

"홍대점에서 바닥부터 시작한 나의 경험 사례"

레스토랑 현장 경험과 점포운영 매뉴얼을 몸소 체험하기 위해 40 넘은 나이에 바닥부터 배우기 시작했다. 그리고 최종 점포관리자가 되기 위해 GMT General Manager Training, 점장 교육 프로그램 과정을 홍대와 연신내에서 마무리했다. 당시에 내가 꼭 지키려 했던 하루 루틴은 다음과 같다.

1) 점포 출근 시 **주차장 청소 및 바닥 상태와 건물 외관 상태, 특히 간판이나 조형물을 먼저 체크**하고 출입구를 통해 출근한다.

2) 사무실에서 전날 작성한 영업일지를 보며 **어제 점포에서 발생한 특별한 일, 인력 및 매출 관련 데이터를 체크**하고,

3) 주방으로 이동한다. 워크인 냉동/냉장고에 들어가 **식자재 재고 및 정돈 상태를 점검**하고, **각 라인별 청결 및 식자재 준비 상태를 체크**한다. **유통기한, 야채류 갈변 상태, 육류의 이취나 품질 상태, 오늘 판매할 기준의 적정량 등을 확인** 후,

4) 홀 쪽으로 이동하여 각 종류의 **전구 및 조도 상태, 탁자와 의자 상태, 바닥 청소 상태, 유리창 상태를 점검**한 뒤,

5) 다시 사무실로 돌아와 **오늘의 인력 스케줄**오전/오후/마감 **체크** 후 **갑작스러운 결원에 대한 보완 준비**를 한다.

이 과정을 모두 체크하는 데 처음에는 1시간 30분 소요되었으나 1개월 후에는 1시간 이내에 할 수 있어 매출분석에 더 많은 시간을 할애할 수 있었다.

이와 같이 점심 장사를 위해서는 철저한 준비가 필요하다. 그리고 점심시간이 지나면, 또다시 저녁 장사를 위해 똑같이 점검하고 체크해서 조금이라도 매출 기회를 놓치면 안 된다. 그것이 우리 점포 메뉴를 먹기 위해 방문하는 고객들에게 만족감을 드리기 위한 최소한의 예의라고 생각한다.

바쁜 시간이 끝나 여유가 있더라도 핸드폰은 멀리하고, 점포 내 컨디션을 꼭 챙겨 보자. 외식업에 계신 모든 분들이 이와 같이 준비하고 고객을 맞이한다면 반드시 문전성시를 이루리라 믿는다.

직원 관리는 직접 챙겨라

외식업은 사람의 마음을 움직여 행하는 사람 중심의 업이다. 그러므로 직원들과 많은 소통을 통해 성과를 창출해야 한다.

나름대로 채용 기준을 만들어 그 기준에 적합한 사람을 찾으려고 노력해야 한다. 그렇지 못한 사람은 절대 직원으로 함께 일하면 안 된다. 오히려 분위기만 해치고 꿈을 가진 다른 동료들에게 방해만 될 뿐이다.

점주는 항상 직원들에게 관심과 애정을 표현하여 그들의 마음을 움직이도록 해야 한다.

"직원은 어떤 사람으로 뽑아야 하나?"

　직원채용 시 만나기로 한 경우에는 미리 미션을 제공해서 수행 능력을 파악하는 것이 중요하다. 물론 그냥 오는 사람은 무조건 탈락시켜야 한다. 그리고 잦은 이직자도 대상에서 제외한다. 나름 자기소개서를 준비해 면접에 임하는 사람에게 높은 점수를 주자.

　유경험자에게는 홀이나 주방 쪽 시나리오를 만들어 제시하고 이에 대한 지원자의 답변과 태도를 평가해서 판단하도록 한다. 열정과 긍정적인 마인드도 중요하다. 그리고 향후 하고 싶은 일이 지금 일과 관계가 있는 사람이면 무조건 오케이다.

　과거 현장 경험에 의하면, 갑자기 술 먹고 연락 두절되는 경우도 있고, 부모님이 아파서 또는 본인이 몸살이나 감기로 병원에 간다고 거짓말하는 경우도 많다. 심지어 핸드폰을 끄고 며칠을 무소식인 경우도 있다. 이럴 땐 미친다 미쳐!

　그러다 보니 부모님과 같이 생활하는 친구들을 선호하게 되었고, 술을 좋아한다거나 친구들 모임이 많은 지원자들은 멀리하게 됐다. 그리고 반드시 주위 친구나 부모님의 연락처를 받아 두어야 한다. 무슨 일이 생기면 공유하거나 연락해야 할 일이 발생하기 때문이다.

　고객 접점에서 일하는 직원은 미소 짓는 인상이나 성격 등이 중요하다. 그들의 서비스가 고객만족도와 매출에 연관되기 때문에 제대로 된 직원을 뽑아 100% 교육 후에 근무시켜야 한다. 불안하면 서로 롤플레이Role-play를 통해 연습시키면서 몸에 배게 하면 된다.

그리고 채용한 직원들의 부모님이나 친한 친구를 초대해서 한 끼 식사라도 제공하면 근무자의 태도가 달라진다. 그러므로 반드시 한 번씩 초대해 보기 바란다.

"점포 내 기본 규칙을 정하고 점주도 지켜라"

점주는 점포 내 직원들이 지켜야 할 규칙을 정해야 한다. 그러지 않으면 처음 일하는 직원들은 집에서 하는 방식대로 또는 친구들과 같이 있을 때 하는 행동처럼 하게 된다. 일하는 대가로 급여를 받는 곳이기 때문에 최소한으로 지킬 것을 요구해야 한다. 그리고 점주도 반드시 직원들처럼 그 원칙을 지키고 따라야 효과가 있다.

1) 개인보다 팀워크를 중요하게 생각하자. 점포의 구성원으로서 자신의 역할과 상대방의 역할을 이해하며, 룰이나 약속을 서로 잘 지킨다면 시너지 효과가 발생한다.

2) 서로에게 인사를 잘하도록 하자. 직장 내 소통의 첫걸음은 인사이다. 항상 밝고 상냥한 웃음은 자신의 점포 생활에 윤활유 같

은 역할을 하기 때문에, 시간 나는 대로 웃는 연습을 하자.

3) 출퇴근 시간을 지키고, 자리를 비울 때는 점주나 동료에게 이야기한다. 지각, 조퇴, 결근 시에는 항상 점주에게 보고하여 인력운영에 문제가 발생하지 않도록 한다. 나의 문제는 반드시 타인에게 그만큼 일을 가중시킨다는 것을 인식시켜야 한다.

4) 퇴직이나 근무일정 변경은 사전에 보고·협의하게 하며,

5) 항상 개인 위생 측면에서 청결하도록 한다.

요즘 핸드폰 없는 사람이 없다. 그래서 어느 점포를 가더라도 고객이 없으면 핸드폰 보며 시간을 보낸다. 자동차 공장처럼 컨베이어 벨트를 통해 연속적으로 작업하는 시스템이면 상상도 못 할 일인데 외식업에서는 가능하다. 이런 일은 잘못된 것임에도 점주가 그렇게 하니 직원들도 따라 하게 된다.

휴게시간 이외에는 지속적으로 QSCH 사항을 점검하며, 문제가 발생되지 않게 해야 한다. 고객이 없다 하더라도 여유가 있으면 테이블을 한번 더 닦고, 메뉴판을 체크해서 지저분하면 깨끗하게 하고, 의자나 테이블이 부러진 데는 없는지 흔들어 보고, 바닥 및 주방 상태도 체크해서 청결하게 관리하고, 냉장고·서랍냉장고 온도 체크 및 식자재 상태, 유통기한, 그리고 화장실 청결 상태 등등 체크할 사항이 엄청 많은데도 그냥 넘어간다.

이런 것을 다 체크하는 곳은 큰 회사에서 운영하는 직영점 외에는 거의 없을 것이다. 그만큼 우리나라 외식업의 위생 상태나 청결 상태는 개선해야 할 부분이 많다. 이는 국가에서 단속만 할 게 아니라 지속적으로 교육과 홍보를 통해 개선해야 한다.

직원들이 점포 내 근무 시 지켜야 할 규칙들

- 매뉴얼과 근무규칙 또는 점포 내 룰(하우스룰)을 지킨다.
- 주방이나 홀에서 손가락으로 메뉴를 집어 먹지 않는다.
- 점포 내 기기/설비/비품/기구를 함부로 다루지 않고, A/S를 잘한다.
- 근무 중에는 주방이나 홀에서 동료들과 잡담하지 않는다.
- 금전 횡령이나 착복을 금하고, 타인의 물건을 무단 사용하지 않는다.
- 메뉴나 식자재를 무료 취식하거나 반출하지 않는다.
- 근무 중 휴대폰을 소지하며 사용하지 않는다.
- 주방 내 그릴, 프라잉 존에는 불에 타기 쉬운 것들을 두지 않는다.

점포 내 금전 사고

직원 사고로는 어떤 일들이 일어날까? 여기서 몇 가지 사례를 들어 본다.

점포 내 금전 사고로는,
마감 전 매출 취소를 통해 현금이나 상품권을 착복하거나,
자신이 가지고 있는 상품권이나 제품교환권을 현금이나 타 상품권으로 바꿔 가져가거나,
고객 결제 후 포인트 적립을 고객이 아닌 자기 계좌로 하는 경우 등이 있다.

도난 사건은,
지갑 내 현금이나 귀중품이 없어지거나,
캐셔나 금고에 일정한 금액이 부족하거나,
고객이 나갈 때 잊고 두고 간 물건을 가지고 가는 경우 등이다.

요즘은 CCTV 설치를 통해 많이 해소되었지만, 아직도 점주가 방심하는 사이에 이런 일들이 벌어질 수 있으니 직접 챙겨야 한다.

사례 2 그만둔 직원 침입 사건

누군가 점포에 들어와서 맥주와 식자재를 먹고 간 흔적이 며칠 발생하여 CCTV를 설치하여 체크한 결과, 범인은 몇 달 전에 그만둔 직원이었다. 이유는 이직한 곳이 재미도 없고 힘들고 해서 맥주가 생각나 몰래 점포로 들어와 한잔하고 갔다는 것이었다. 참으로 놀랍고 충격적인 일이었다.

점포 출입문의 비밀번호를 변경하지 않아 발생한 일이었기 때문에, 그 일 이후 아침 출근조와 퇴근조의 구성원이 그만두게 되면 잠금장치에 대한 관리를 강화시켰다. 만약 나쁜 마음을 먹고 심각한 일을 꾸몄다면 얼마나 끔찍했겠는가?

사례 3 식자재 재고 부족 사건

식자재 중 스테이크 재고가 계속 차이가 났다. 매뉴얼 중 하나로, 매일 DFC^{Daily Food Control, 재고조사}를 진행한다. 중요 식자재 로스를 확인하기 위해, 스테이크류나 립 등 고단가 자재 위주로 10종 아이템은 마감 시 재고조사 후 그 숫자를 재고조사표에 기록하고, 아침에 출근하면 입고량을 체크하여 그날 총재고를 확인하는 시스템이다. 그런데 시스템 내 이론재고^{재고량 + 입고량 - 판매량}와 창고 내 실제 재고와의 차이가 한 달 이상 지속되었다.

보통 이유는 스테이크를 오버쿡해서 쓰레기통에 버리고 다시 조리해서 제공할 때 바빠서 POS에 입력하지 못한 경우이거나, 식자재를 잘못 보관하여 버리는 경우인데, 이런 일이 없는데도 불구하고 차이가 계속 발생하였다.

카메라를 설치해서 확인해 본 결과, 범인은 프렙Prep. 음식 재료를 다듬는 일부터 볶고 튀기는 등 조리의 바로 전 단계까지 준비하는 것을 담당하는 아주머니였다. 가끔씩 워크인 냉장고에 들어가서 패킹된 스테이크를 1~2개씩 가져간 것이다. 결국 그 아주머니는 일정 기간 동안의 로스분재고 차이을 배상하고 그만두었다.

사례 4 **현금결제 취소 사건**

POS 자료를 체크하는데 2개월 정도 계속하여 현금결제 취소가 주기적으로 일정한 시간대에 발생하였다. 체크해 보니 고객 클레임이나 잘못된 주문으로 발생한 것이 아니라, 관리자로부터 발생된 것이었다. 기능상 관리자에게만 부여되어 있는 취소 권한을 이용해 돈이 필요해서 그런 짓을 했다고 털어놓았다. 죄송하다는 말과 함께 그 금액만큼 배상하고 그만두겠다는 것이었다.

믿었던 직원들에게 이런 이야기를 들을 때마다 속이 상한다. 가끔 언론상에 직원의 현금 착복에 대한 내용들이 많이 나온다. 이럴 때 점주에게도 잘못이 있다. 이는 제조·판매한 숫자만 관리해도 알 수 있는 사항이며, POS 시스템을 통해 체크만 해도 발견할 수 있다. 창업 초기에는 SV에게 점포관리 노하우를 배워 나가면 큰 문제는 없어진다.

놓치지 말아야 할 마케팅 관리

마케팅은 매출 향상에 가장 중요한 역할을 하지만, 외식업을 하는 대부분의 점주들은 무관심한 분야이다. 그리고 걱정만 하면서 다른 방안을 찾지 못하는 경우가 많다.

"우리 점포에 적합한 마케팅을"

프랜차이즈 브랜드는 본부에서 일괄적으로 마케팅 행사를 진행한다. 모두 본부 매출을 올리기 위한 것으로, 지역별·점포별로 영업환경이 다름에도 불구하고 가맹점에서는 참여해야 한다. 만약 참여하지 않으면 본부에서는 문제 있는 점포로 낙인찍어, 불이익이나 트집을 잡을 수도 있기 때문이다. 그러므로 최소 범위 내에서 참여하고, 별도로 우리 점포에 적합한 마케팅은 SV랑 협의하여 진행하면 된다. 그러기 위해서는 우선,

1) 매출 관련 POS 데이터를 보고 분석할 능력을 키우자. 고객수와 고객층, 객단가, 좌석회전율과 좌석당 매출액, 빌bill, 계산서 건수와 빌당 매출액, 판매 메뉴별 구성비 등을 알면 점포가 처한 상황을 이해할 수 있기 때문이다.

2) 인근 경쟁 점포의 상황을 파악하고 대응 방안을 고민하자.

3) 동종·이종 외식업체의 홈페이지를 방문하여 무슨 판촉을 하는지 아이디어를 찾아보고, 자신의 점포에 적용할 수 있도록 노력하자.

4) 실행한 마케팅 활동이 있다면 전후 매출, 고객수, 객단가, 메뉴 구성비 변화 등의 분석을 통해 효과 여부를 정리하자. 향후 진행 시 유효한 판촉을 업그레이드시키면 된다.

"매출이 부진하다면?"

매출이 부진할 경우 대부분 고객 감소 때문이다. 이럴 때는 고객이 왜 줄었는지를 파악하는 것이 제일 중요하다. 점포 내 문제인

지, 점포 바깥 문제인지를 파악해야 답을 찾을 수 있다.

점포 내 문제인 경우:

\# 음식의 맛이나 품질이 떨어졌거나,

\# 직원이나 점주 서비스에 실망하였거나,

\# 가격 인상으로 그만큼의 가치를 못 느꼈거나,

\# 점포 내 환경이 비위생적이고 불결하거나,

\# 분위기가 트렌드에 비해 노후화되었거나,

\# 기존 메뉴가 식상해서 방문 주기가 길어졌거나,

\# 지속적인 홍보가 부족했거나 등의 이유를 찾을 수 있다.

그에 대한 대책은 반드시 점주 혼자서 찾지 말고 직원들과 함께 논의하여 실천 가능한 방안을 찾으면 쉽게 해결된다. 내부 문제는 대부분 팀워크가 깨져 발생하거나, 주변 환경을 고려하지 않은 의사결정에서 일어난다. 같이 고민하고, 노력하고, 한 방향으로 일한다면 해결되는 문제들이 많다. 점포 내부의 문제는 의외로 해결 방법이 쉽다.

메뉴의 맛과 품질은 레시피대로 조리 실습을 통해 보완하고, 서비스는 실제 연습을 해서 몸에 익히면 된다. 특히 고객에 대한 진심이 담긴 인사와 친절한 응대, 그리고 사근사근한 말투는 중요하다. 점포 환경은 점주가 솔선수범하여 청결하게 유지한다면 직원들도 따라 할 것이다.

인테리어는 평소 유지 관리를 잘하고, 다소 노후화되었다면 부분 개보수를 통해 이미지 개선을 하며, 계절별 특별 메뉴를 도입해 고객 방문을 유도하고, 가격 부분은 경쟁사와 비교하고 단골 고객의 의견을 수렴한 후 SV와 함께 협의하여 결정하면 된다.

홍보는 그동안 고객들에게 무엇을 했는지 체크해 보고, 지역 타깃으로 꾸준히 소통하고 활동해야 된다. 예를 든다면 전단지, 아파트 광고, 현수막, 블로그, 지역카페, 스마트플레이스 등이 있다.

점포 바깥 문제인 경우:

\# 새로운 경쟁업체가 주변에 오픈했거나,

\# 경쟁업체에서 판촉행사로 고객을 유인했거나,

\# 배달 메뉴 선호 업종으로 고객이탈이 증가했거나,

\# 계절이나 날씨 요인도 있을 수 있다.

그렇기 때문에 오너인 점주는 동일 브랜드 체인 점포나 경쟁업체와 매출을 비교하고, 일주일에 최소 한 번 이상은 점포 주변 경쟁업체의 판촉 동향을 체크하고, 온라인 행사도 홈페이지를 통해 조사해야 한다. 이런 조사와 분석을 통해 직원들의 의견을 수렴하여 SV와 협의해 개선해 나간다면 최소한 방어 효과는 있다.

외식업의 꽃, 고객 관리는 어떻게?

　　외식업에 있어 고객은 없어서는 안 될 존재이다. 외식업의 발전과 수준 향상은 고객과 연계되기 때문이다.

　　고객의 방문으로부터 시작하여 고객이 나갈 때까지 매 순간 긴장되는 것이 외식업이다. 메뉴에 대한 지식과 판촉 사항에 대해 충분히 숙지한 직원은 고객을 대하는 태도가 자신감이 있지만, 미흡한 직원에게는 가끔 컴플레인이 발생한다. 고객은 매출과 수익을 제공해 주는 중요한 인적 요소이기 때문에 만족을 통해 반드시 재방문으로 연결시켜야 한다.

　　고객이 우리의 브랜드를 느끼고 판단하는 데 15초 정도 걸린다고 한다. 그러므로 고객과의 짧은 접점에서 최고의 서비스로 마음을 얻어야만 지속적인 성장이 가능하다.

"고객 서비스 4단계를 숙지하라"

고객에 대한 서비스는 4단계로 진행한다. 단, 키오스크 매장은 일부 단계가 생략된다.

1단계 Welcome
방문 고객을 환영하며 테이블로 안내한다.

- 오고 가는 고객들에게 주의를 기울이고, 그들을 위해 문 열어 주기
- 미소와 긍정적인 태도로 고객분들에게 환영 인사하기
- 환영의 느낌을 주는 보디랭귀지도 활용
- 아무리 바쁠 때라도 절대 손님을 등한시하지 않기

2단계 Order
고객에게 주문을 받고 확인한다.

- 메뉴북(menu book)을 제공하며, 메인 or 프로모션 메뉴 간단히 설명
- 고객들이 주문한 메뉴를 하나하나 체크하며 확인하고
- 웃으며 예상 소요시간을 알려 주고 감사 인사하기

3단계 Dining
메뉴를 제공하여 고객이 식사하도록 한다.

- 제 시간에 메뉴를 제공하고, 늦을 경우 사유를 설명하고 양해를 구할 것
- 메뉴 드시는 특별한 방법이나 주의사항 있을 경우 간단히 설명
- 고객 테이블을 지속적으로 관찰하면서 부족한 것을 사전 체크하여 서비스 제공하기(물, 반찬, 휴지, 물티슈, 수저 등)
- 계산서 제공하기

4단계 Farewell
계산하고 환송으로 마무리한다.

- 고객에게 식사 경험에 대해 물어보고
- 가능한 한 빠른 시간 내에 계산을 완료한 후, 진심 어린 감사 인사하기
- 긍정적 보디랭귀지로 고객에게 문을 열어 드리면 더 좋음

"단정한 옷차림도 중요하다"

직원들의 기본적인 옷차림도 체크한다.

- **얼굴** : 수염·코털·구레나룻 제거 등
- **머리** : 단정한 헤어스타일, 옆머리가 귀를 덮지 않는 게 좋음, 원색 염색 금지, 긴 머리는 묶은 상태 유지
- **상의** : 깨끗하고 다림질된 유니폼 착용, 단추는 되도록 모두 채우고 바지 안쪽으로 넣어 착용
- **하의** : 깨끗하고 다림질된 검정색 계통 착용, 검정색 계통 벨트 착용, 하의 바짓단 정리하여 착용하면 깔끔한 이미지 제공할 수 있음
- **신발** : 깨끗한 검정색 계통의 구두, 단화, 운동화 등
- **액세서리** : 귀걸이·반지·팔찌 등 가능한 한 착용 금지, 유니폼 밖으로 보이는 문신 경우 토시 등으로 커버
- **손톱** : 손톱은 짧게, 매니큐어 금지 등

요즘 이렇게 하면 근무할 친구들이 있을까? 아니, 채용할 인재들이 없을 것이다. 그러나 고객의 입장에서 봤을 때 항상 무난한 수준을 유지하는 것이 중요하다는 것을 의미한다.

"서비스는 고객만족의 마지막 보루다"

주방에서 조리를 맛있게 한 음식이라도 손님에게 제공하는 사람이 불친절하면 요리의 맛까지도 없어져 버린다. 그러므로 고객이 제공받은 메뉴에 대하여 만족하고 재방문하고 싶은 마음이 생기도록 직원들은 최선을 다해야 한다.

```
인테리어 × 위생/청결 × 음식 맛 × 서비스 = 고객만족
100점  ×  100점  × 100점 × 0점  =   ?
```

고객만족도는 하나라도 Zero(0점)가 되면 모든 것이 도루묵이 된다.

\# 항상 고객의 입장에서 생각하고 최고의 친절과 세심한 배려로 대하고,

\# 본인의 건강과 개인 위생에 철저히 하며,

\# 월급은 고객으로부터 받는 것이므로 고객에 대해 항상 감사하는 마음을 가지고, 나의 밝고 친절한 태도를 유지할 수 있도록 노력해야 한다.

\# 고객 컴플레인 발생 시에는 고객 입장에서 먼저 들어 주고, 점

주에게 보고 후 규정대로 진행한다.

"고객 불평 해결은 재방문과 연결된다"

불만고객을 잘 관리해 주면 재방문 비율이 높아지기 때문에, 반드시 그들에게 관심을 가지고 해결해 주도록 해야 한다. 불만고객 중 표출하는 불만고객은 6%이고, 침묵하는 불만고객은 94%라고 한다. 이 중 63%는 침묵하고, 31%는 입소문을 내거나 험담을 한다. 불만 사항을 해결할 경우 70%가 재방문을 한다고 한다. 그런데 그 즉시 해결할 경우는 95%가 재방문을 한다는 조사가 있다. 그러므로 반드시 고객에게 귀 기울여야 한다.

고객과의 의사소통 시에는 공감화법으로 말이나 상황에 무조건적인 공감을 해주면서 고객을 안정시키는 대화 스킬로 대해야 한다. 우선 고객의 입장을 충분히 들어 주면 스스로 풀리기도 한다. 그리고 표정이나 태도, 목소리 톤 등을 신경 쓰면 더 좋은 결과를 가져올 수도 있다. 특히 동네 장사일 경우 절대 같이 화를 내면 안 된다. 입소문으로 바로 망한다.

인간은 누구나 스스로 움직이며, 먹고 싶은 것을 먹고, 보고 싶은 사람을 만나고, 가고 싶은 곳을 가며 살기를 원한다. 그런데 이 것 또한 어느 정도 경제력이 있어야 가능하다. 그래서 대부분 조직에서 떨어져 나간 뒤 인생 2막을 창업으로 준비해 인간다운 삶을 추구하려고 한다.

특히 나름 많이 먹어 보고 집에서 자주 만들어 봤다고 외식창업을 만만하게 보는데, 이 분야에 몸담은 사람으로서 말리고 싶다. 고객은 자신의 입맛과 편리에 맞지 않는 브랜드는 잔인하게 무시하고 다른 곳으로 가 버리기 때문이다. 더구나 나홀로 창업은 프랜차이즈 브랜드와 싸워 이겨야 하기 때문에, 나만의 무기^{메뉴+서비스 등}를 만들기 위해 공부하고 노력해야만 내가 투자한 자금을 날리지 않을 수 있다. 그렇지 않으면 성냥불처럼 타다 사라져 버리고 만다.

그러면 남은 인생을 어찌 보내야 하는가? 앞서 말한 것처럼 창업의 길은 어렵고 힘드니, 경제적 여유가 조금이라도 있다면 사회 봉사활동을 하면서 보람을 찾는 것이 가장 행복한 방법이라고 생각한다. 그러나 우리 같은 대부분의 중산층은 순자산이 많지 않기 때문에, 무슨 일이라도 해야 하는 상황이다. 고민 끝에 창업의 길로 들어선다. 과시형 창업은 돈이 부족해서 불가능하다. 그래서 대부분의 사람들은 가지고 있는 자금으로 생계형 창업을 한다.

왜? 사회에서 나이가 많다고 먹고살 수 있는 일자리를 제공하는 곳이 없기 때문이다. 그렇다고 무작정 놀 수도 없다. 20~30년 동안 일하던 습관이 몸에 배어 있기 때문에 집에서 쉬는 순간 무기력함에 빠져 건강하게 살 수도 없다. 그러므로 가능한 한 70세 이상까지 할 수 있는 창업을 통해 생활비도 벌고, 건강한 노후도 보낼 준비를 해야 한다.

한국의 먹는 점포 편의점 포함 수는 인구 67명당 1개꼴이다. 이런 상황에선 많은 금액의 투자를 하더라도 그에 상응하는 큰 수익을 창출하기는 힘들다. 이유는 이미 경제가 저성장 시기에 접어들어 소비자가 신중하고 실용적인 성향의 가치소비를 추구하고 있기 때문이다. 그리고 경쟁 브랜드도 너무 많으며, 고객의 입맛도 수시로 변하기 때문이다. 그러므로 큰돈을 벌겠다는 욕심보다는, 적은 투자비로 프랜차이즈 가맹 창업을 준비하는 것이 보다 현실적이라 생각된다.

결국 인간은 죽기 전까지는 일, '잡Job'이 있어야 한다. 아르바이트가 되었든, 무료 사회봉사가 되었든, 외식창업이 되었든, 일이 있으면 건강하고 활력 넘치는 삶을 영위할 수 있다. 따라서 일자리를 구하기 어렵다면, 소·확·행 차원의 외식창업을 통해 1) 건강과 삶의 활력을 찾고, 2) 사회의 일원으로서 역할을 하며 보람을 느끼고, 3) 경제적인 소득 이외에 병원비도 적게 들어 노후 파산할 위험을 줄일 수 있다. 나중에 힘이 부족하다면 권리금을 받고 양도하거나, 아니면 가족에게 운영권을 넘겨도 된다.

창업을 하더라도 돈을 쫓지 말고, 행복을 찾는 창업을 추천한다. 즉 떼돈을 벌려는 욕심을 버리고 적정 수익에 만족하면서 운영한다면 오래갈 수 있다.

앞으로의 외식업 흐름은,

첫째, 디지털화로 부가가치가 낮은 사업으로 변할 것이다.

사람이 하는 일을 기계가 대신 하는 시대가 도래하면서 조리 분야만 주방으로 들어가 인간이 음식을 생산하는 단순 노동자로 전락할 것이기 때문이다. 홀에서는 키오스크나 테이블오더로 주문을 받고 서빙은 로봇이 하여, 과거에는 사람의 서비스로 부가가치를 창출했지만 이제는 기계가 하다 보니 높은 가치를 받을 수 없게 된다. 지금도 오랫동안 외식업에 종사해 온 나이 드신 분들이 이런 시대 흐름을 따라가지 못하고 계속 아날로그 스타일로 운영하면서, 점점 젊은 소비자들과 괴리감이 생겨 경쟁력에서 밀려나고 있다.

둘째, 주방도 조리 자동화 시대가 올 것이다.

요즘 사람들은 깨끗한 근무환경에서 노동강도가 약하고 편하게 일하기를 원한다. 그 대신 기대수익도 높지가 않다. 한마디로 워라밸을 찾는 것이다. 이런 조건들이 외식사업을 약화시키고, 경쟁력을 떨어뜨린다. 근무조건이 이렇게 되면 외식업에 일하는 사람들의 경쟁력이 점점 떨어질 수밖에 없다. 왜? 단순 음식을 생산하는 노동자로 인식이 되어 돈을 벌 수가 없기 때문이다.

셋째, 기대수익은 낮아질 것이다.

임대료 또한 이자율에 따라 변동폭이 있지만 대부분의 건물주들이 부자라서 한번 올라가면 내려오지를 않는다. 그렇게 되면 저성장 시대 외식업을 통한 기대수익을 낮출 수밖에 없다. 과거 창업을 통한 대박은 자신의 인건비를 포함하여 월수익 800만~1,000만 원이었다. 그러나 향후에는 500만 원 정도로 예상된다. 그 이유는 식자재비, 임차료, 인건비 등의 인상으로 그만큼 수익이 줄어들기 때문이다.

그럼에도 앞으로 외식창업자들에게는 많은 기회가 올 것이다.

주먹구구식 외식산업을 국가에서 인지하고, 외식산업을 육성하며 소상공인을 지원하고자 하고 있다. 즉 외식산업을 활성화시키기 위해 무료 교육을 진행하고 있고, 투자비 지원도 검토하고 있다고 한다.

아래는 2023년 8월에 있었던 한 국가지원 교육 프로그램의 내용이다.

- 생존하는 외식업의 미래
- 외식창업기획서 작성법
- 매장운영 효율 극대화 전략
- 손익관리 작성법
- 실전 상권 분석하기
- 외식 브랜딩 탐구 메뉴 기획 및 메뉴 엔지니어링
- 주방설계 운영효율 높이는 법
- 온라인 마케팅
- 스몰 브랜딩하는 방법: 스토리를 담은 공간 브랜딩과 공간 마케팅 가치 창출하는 법

• 고기편 맞춤 메뉴 개발

　　소상공인시장진흥공단과 중소벤처기업부가 지원하고 (주)알파랩에서 주관하는 '희망리턴패키지' 프로그램으로, 외식업자가 알아야 할 필수 내용을 담고 있었다.

　　6일간 진행하는 무료 교육이었는데, 아쉬운 점은 신청 후 불참하는 외식업자들이 많았다는 것이다. 그러나 어떤 한 분은 부산에서 비행기를 타고 와서 참석하기도 했다. 그분은 해산물 요리점을 운영하는데 후쿠시마 원전 오염수 방류로 걱정되어 고기 관련 창업을 검토하기 위해 소·돼지 등 육고기 공부를 하러 왔다고 했다. 변화하는 환경에서 생존하기 위해 나이를 떠나 공부하는 것에 감동을 받았다.

　　이와 같은 교육이 무료로 진행되니 신청 자격이 되면 참석해서 외식업에 대해 인사이트를 키우면 좋겠다. 창업 전에 주변의 교육기관이나 지자체에 알아보면 다양한 프로그램이 준비되어 있으니 적극적으로 활용하자.

　　또한 지역별 특정 상권을 활성화하기 위해 '로컬브랜딩 사업'을 추진할 예정이라고 하는데, 이는 침체되고 있는 지역 상권을 살려보겠다는 강한 의지이다. 각 지역별 특정 지역을 지정하여 그 상권을 육성하겠다는 의미로, 예비 창업자들은 이런 정보를 파악하여 이왕이면 지정된 상권에서 창업하도록 준비하자. 국가로부터 지원받아 기업가형 외식인으로 도전해 볼 좋은 기회이다.

나이가 들었다고 포기하지 말고 이런 기회를 발판으로 하여 외식업 창업에 도전해 보는 것도 좋다. 세계 속의 K-Food는 이미 트렌드이고, 성공의 심볼이 되고 있는 상황에서 절대 기회를 놓치지 말자.

대부분의 외식업 1세대들은 경험한 만큼, 공부한 만큼의 인사이트로 사업을 운영하고 있다. 그렇다 보니 조직적이고 합리적인 시스템으로 위기를 극복하고 사업을 확장해야 함에도, 대부분 남을 믿지 못하고 혼자서 끙끙대며 감으로 추진한다. 그 결과는 좋을 수가 없다. 안타깝지만 주먹구구식으로 사업해 온 그들의 한계가 아닌가 생각한다.

그래서 나는 앞으로 좀 더 체계적으로 공부하여, 이런 이들을 진정한 경영자 또는 기업가로 만들 수 있도록 컨설팅 사업을 준비하려 한다. 오랜 기간 외식업 일선에서 뛰며 경험하고 습득한 노하우를 외식업을 운영하는 사람들과 공유하며 조금이라도 도움을 주고 싶다. 곧 외식업에 관한 공부를 다시 시작할 예정이다.

그동안 책을 쓰면서 가르침을 주신 모든 분들에게 감사한다. 특히 롯데GRS 윤병철 선배, 김경회·김대원·이은경 후배, 롯데웰푸드 안성근 선배, 박웅찬 후배, 청림밀푸드 남현호 대표, 동산IFS 손병운 전무, KMS컨설팅 구교민 대표, 명랑핫도그 양현모 이사, 리치푸드 여민규 팀장, 프랭크버거 이영한 팀장, 국제조리산업협회 김동현 회장, 롯데리아 김윤석 대표(점주), 할리스 강기훈 대리에게 감사의 마음을 전하고 싶다.

창업을 준비하는 이들에게 도움이 될 만한 팁을 부록으로 정리하며 책을 마치려 한다. 외식창업 초보자들이 걱정하는 것은 첫째, '투자해서 망하면 어떡하나?' 두 번째는, '장사가 잘 안 되면 어떡하나?' 셋째는, '사람 구하기가 어렵다는데 어떡하나?' 등이다. 이 모든 것은 자신감 결여에서 온다. 그러므로 시장조사와 선택한 업종에 대한 공부를 충분히 한 뒤에 창업을 한다면 걱정할 필요가 없다. 대학을 가기 위해 공부를 하듯, 창업을 위해서도 노력과 공부를 해야 한다. 세상에 그냥 되는 것은 아무것도 없다.

부록

나의 창업 추천 브랜드
점포운영 시 필요한 QSCH 체크리스트
인력채용 시 인터뷰 가이드
'상권정보시스템'의 상권분석 주요 내용

나의 창업 추천 브랜드

외식업에서 일한 경험을 비춰 볼 때, 그래도 안전하게 창업할 수 있는 것은 프랜차이즈 브랜드라고 본다. 그중에서도 인지도나 선호도가 높은 빅 브랜드나, 기존 시장 또는 새로운 시장에서 무섭게 성장하는 핫한 브랜드가 적합하다. 각 업종별 No.1~2 브랜드는 절대 죽지 않는다. 이들은 경쟁상대가 없기 때문에 안정적이고, 성장하는 브랜드는 안정성보다는 매출규모가 커져 향후 권리금을 받고 엑시트Exit, 즉 양도할 수 있다.

빅 브랜드는 프리미엄 비용권리금이 높고, 거의 모든 상권에 입점되어 있기 때문에 신규점 오픈하기가 어렵다. 그리고 투자 대비 수익이 기대보다 못할 수도 있다. 반면 성장하는 핫한 브랜드는 기존 빅 브랜드에 비해 상대적으로 투자비도 적게 들고, 입점할 상권도 많기 때문에 유리하다. 일정 기간이 지난 뒤에는 프리미엄을 받을 수 있기 때문에 관심을 가지고 살펴본다면 돈이 될 수 있다.

그동안 경험으로 봤을 때 이 정도 브랜드에 투자한다면 크게 문제 되지 않을 것이다. 안정성과 성장성 측면에서 고려한 브랜드이며, 투자비는 변화가 많기 때문에 반드시 홈페이지를 통해 확인이 필요하다.

1. 한식

한촌설렁탕

- 38년 역사와 식품관리/R&D 시스템
- 성공사례 공유 점주 정기 워크숍 시행
- 폐점률이 낮고, 입점할 상권 많은 상태

본죽&비빔밥

- 쉽고 간편한 조리 시스템과 메뉴 차별화
- 지속적인 마케팅 활동(PPL, 모바일, 메신저 등), SNS 채널 운영
- 폐점률 1.05%(2021년 정보공개서 기준)

2. 커피&디저트

엔제리너스

- 롯데그룹에서 운영하는 커피 전문 브랜드로 아메리치노, 반미 등 인기
- 최고의 품질과 문화를 담은 감성 브랜드로 리뉴얼 성공

할리스

- 로스팅 공장을 통해 고객의 라이프스타일에 맞는 커피 블랜딩 연구
- 100여 개 직영점의 소비자 니즈 데이터화로 가맹점 안정적 적용 운영
- 대표가 직접 예비 가맹점주 면접 평가

메가커피

- 가성비 우수(빅사이즈와 착한 가격)
- 최근 핫한 브랜드로서 인지도, 선호도 우수

3. 치킨

bbq

- 국내 No.1 브랜드 가치(한국 치킨 브랜드 선도)

- 독보적인 아이덴티티(최고의 건강식품 올리브오일 사용)

- 우수한 메뉴 개발력 및 담당 BM의 철저한 매장 관리

- 본부의 전폭적인 마케팅 지원과 다양한 창업지원제도 운영

- 세계 최초 BBQ 치킨 대학을 통해 철저한 창업 교육

- K-Food 선두 브랜드

멕시카나치킨

- 35년 역사로 검증된 브랜드

- 스타 마케팅과 온라인 제휴를 통한 브랜드 파워 Up 및 매출
극대화

4. 주점

뉴욕야시장

- 20년 노하우가 담긴 브랜드

- 메뉴(다양한 요리부터 스낵까지)/인테리어(인더스트리얼 스타일) 차별화

- 신메뉴 개발 연 2회(컨퍼런스 개최) 및 강력한 마케팅 활동 지속
  운영

생활맥주

- 대한민국 수제 맥주 대표 브랜드(유일무이한 지역 수제 맥주 플랫폼)

- 직영점 비율 17%로 50점 운영 중(브랜드관리+수익성)

- 가맹점주 배려 시스템(쉬운 조리법 개발 및 소포장 냉장 배송 시스템)

- 맥주에 특화된 최상의 페어링 안주인 생활치킨 숍인숍화

5. 분식

얌샘김밥

- 가맹본부 신뢰 및 메뉴 개발성 우수

- 초보자도 쉽게 운영할 수 있는 교육 시스템

- 주방 조리기구의 디지털화 및 자동화 선도

- 점포 확대 중으로 입점할 상권 많은 상태

명랑핫도그

- 국내 핫도그 브랜드 1위

- 홀 + 포장 + 배달 세 가지 매출 창출 가능

- 간단한 조리법으로 초보자 및 1인 운영 가능

6. 중식

이비가짬뽕

- 대한민국 대표 짬뽕 브랜드

- SBS 〈생활의 달인〉 중식업계 1위 선정

- 한국 최초 짬뽕 국물 및 숙취해소 기능성 면 제조특허 보유

홍콩반점

- 중식 브랜드 No.1
- 점주 만족도 No.1
- 창업 시스템 No.1
- 고객 선호도 No.1

7. 햄버거(맥도날드와 버거킹은 투자비가 높아 제외함)

롯데리아

- 국내 브랜드로서 40년 이상의 전통 버거
- 한국인의 입맛에 가장 적합, 시그니처 메뉴 새우버거·불고기 버거
- 안정적인 매출 유지로 신규창업 및 인수창업 적합

프랭크버거

- 국내 수제버거 No.1 브랜드
- 정통 미국식 프리미엄 버거로 쇠고기만 사용
- 주 고객 대상 가성비 최고 버거 및 지속적인 광고/홍보 지원

8. 피자

도미노피자

- 국내 최초 피자 배달 전문 글로벌 브랜드
- 영업권 확보에 따른 안정적인 매출 유지, 체계적 관리 시스템
- 사업의 롱텀Long Term으로 폐점률이 매우 낮은 브랜드

알볼로피자

- 토종 브랜드로서 출점심사 강화로 연평균 폐점률 1%대 유지
- 초보자도 알볼로 아카데미 통해 피자 장인화 가능
- 국내 유일 친환경 흑미도우 특허

9. 아이스크림

배스킨라빈스31

- 세계 No.1 아이스크림 브랜드로서 국내 M/S 90% 이상 유지
- 안정적인 매출 유지와 제조과정이 없어 운영관리 수월
- 폐업률이 낮아 권리금 보호 유리

10. 편의점

CU/GS25/세븐일레븐

- 브랜드 선호도와 점포 M/S 우위
- 조직의 오픈 마인드와 상품개발 우수

점포운영 시 필요한
QSCH 체크리스트

외식업을 운영하는 점주는 반드시 네 가지 사항인 Q^{Quality}, S^{Service}, C^{Cleanliness}, H^{Hygiene}를 매일매일 체크해야만 직원들도 그 중요성을 인식하고 실천한다. 특히 위생 및 법적사항은 잘 준수하여야 한다.

활용 방법은 각 항목별 평가점수를 부여하여, 매일 미흡한 항목 위주로 보완하고 개선하면 된다.

구분	항목		QSCH	체크 내용	우수 (2점)	보통 (1점)	미흡 (0점)
매장 외부	점포 주변	청결 상태	C	먼지, 쓰레기 유무			
	간판	청결 상태	C	청결 상태			
	간판	작동 상태	Q	전등 작동 여부			
	POP/포스터	부착 유무	Q	홍보물 배치/업데이트 여부			
	POP/포스터	청결 상태	C	오염(깨끗함) 여부			
	유리창	청결 상태	C	파손/청결 여부			
	출입문	청결 상태	C	손잡이/문지방 등 청결 여부			
매장 내부	바닥	청결 상태	C	찌든때/청결 여부			
	전등	관리 상태	Q	작동 여부			
	화분	관리 상태	C	식물 시들거나 청결 여부			
	액자	청결 상태	C	청결 여부			
	소화기	관리 상태	Q	지정된 위치/게이지 상태			
	음악	소리 크기	S	음악소리 상태			
	음료냉장고	청결 상태	C	기기 안팎 청결 여부			
	원산지 표시	과태료	H	원산지 표시 여부(허위 여부)			
	메뉴	조리 상태	Q	매뉴얼 준수 조리 여부			
	메뉴	제공 상태	Q	정갈하게 그릇에 담긴 상태			
	메뉴	품절 상태	Q	메뉴판 모든 음식 판매 여부			
	메뉴	프로모션	Q	프로모션 메뉴 추천 여부			
	POP/포스터	부착 상태	C	오염/청결 여부			
	POP/포스터	부착 유무	Q	행사제품 고지 여부			
	카운터	청결 상태	C	청결/정리정돈 여부			
	카운터	계산	S	영수증 발행 및 고객제공 여부			
	카운터	계산	S	멘트 여부(메뉴내용/가격 등)			
	카운터	거스름돈	S	카드/거스름돈 공손히 전달 여부			
	카운터	계산 후	S	멘트 진행 여부(감사인사)			
	홀	청결 상태	C	청결 여부			
	홀	홀서빙	S	테이블 세팅 후 고객 안내 여부			
	홀	홀서빙	S	착석 후 2분 이내 주문 여부			
	홀	홀서빙	S	메뉴 제공시간 안내/시간일치 여부			
	홀	홀서빙	S	메뉴 제공 후 Good 멘트 여부			
	홀	홀서빙	S	호출 시 Good 멘트(네~ 고객님) 여부			
	홀	홀서빙	S	호출 후 1분 이내 직원 방문 여부			
	홀	Bussing	S	고객 떠난 후 2분 내 정리 여부			
	홀	Bussing	S	배너, 냅킨통 등 정리 후 테이블 닦음			

구분	항목		QSCH	체크 내용	우수 (2점)	보통 (1점)	미흡 (0점)
매장 내부	직원 용모	위생복	H	유니폼 착용/세탁 여부(과태료)			
	직원 용모	위생모자	H	유니폼 착용/세탁 여부(과태료)			
	직원 용모	앞치마	H	유니폼 착용/세탁 여부			
	직원 용모	마스크	H	마스크 착용 여부(과태료)			
	직원 용모	명찰	Q	착용 여부			
	직원 용모	액세서리	Q	착용 여부(미착용 원칙)			
	직원 용모	취식행위	Q	취식행위 유무(껌 등)			
	직원 서비스	입점 인사 소리	S	멘트 진행 여부/소리 크기			
	직원 서비스	손님 질문	S	공손한 태도(표정/언어 등)			
	직원 서비스	손님 질문 후	S	추가 멘트(더 없는지?) 여부			
	직원 서비스	메뉴 추천	S	사이드 메뉴 추천 여부			
위생 및 법적 사항	원산지 표시	과태료	H	표시 유무			
	영업신고증	과태료	H	매장 내 구비 여부			
	사업자등록증	과태료	H	매장 내 구비 여부			
	위생교육필증	과태료	H	매장 내 구비 여부			
	건강검진결과서	과태료	H	전 직원 구비 여부(과거 보건증)			
	수입필증/ 거래명세서	과태료	H	매장 내 구비 여부			
	근로계약서	과태료	H	매장 내 구비 여부			
	유통기한	영업정지 1개월	H	유통기한 훼손/경과 여부			
	식자재 온도	보관온도 확인	H	식자재 온도 준수 여부(냉장 0~10도)			
	도마 청결	과태료	H	청결관리 여부			
	칼 청결	과태료	H	청결관리 여부			
	냉장고 청결	과태료	H	청결관리 여부			
	냉동고 청결	과태료	H	청결관리 여부			
	테이블냉장고 청결	과태료	H	청결관리 여부			
	한글표시사항 기재된 식자재	영업정지 15일	H	미표기 식자재 사용 여부			
	해동	영업정지 7일	H	냉장, 유수, 전자레인지 해당관리 여부			
	식자재 바닥 이격 여부	바닥 15cm 위	H	바닥에서 적재상태 여부			
	교차오염	분리사용 확인	H	칼, 도마 구분사용 여부			
	해충방제	1회/월	H	외부 전문기관 의뢰			
	라벨 관리	스티커 부착	H	소분/제조 후 라벨스티커 부착 여부			
	전화응대	응답시간	S	벨소리 2~3회 미만			
	전화응대	친절도	S	질문 시 친절 응대 여부			
	전화응대	정보인지력	S	정확한 정보 제공 여부(영업시간 등)			

인력채용 시 인터뷰 가이드

인력채용의 목표는 고객에게 기억에 남을 만한 좋은 경험을 제공하고, 지속적으로 성과를 내는 데 도움을 주는 직원을 찾는 것이다. 여기서 제시하는 인터뷰 가이드는 지원자를 알아보고, 지원자의 개성 및 스타일이 우리 매장에 적합한지 파악하는 데 도움을 주는 질문과 롤플레이이다.

가. 기본 인터뷰

⑴ 지원서/소개서 검토
  - 나이, 주소, 경력, 희망급여 등

⑵ 사전 인터뷰

- 출퇴근 시 이용 가능한 교통편과 소요시간
- 근무 가능한 시간대 및 요일 확인

나. 역량평가 인터뷰

역량평가의 경우, 인터뷰를 통해 지원자를 4단계로 평가하여, 일정 점수 이하는 절대 채용하면 안 된다. 반드시 일정한 기준을 가지고 채용해야 이직률을 개선할 수 있다.

※ 평가점수 : 1(부적합) - 2(일부 부적합) - 3(적합함) - 4(뛰어남)

평가항목	질문	1	2	3	4
직무	– 가장 좋았던 식사 경험과 그 이유는? – 왜 여기 근무하길 원하며, 여기서 기여할 수 있는 것은 무엇인지? – 고객을 도와 나빴던 경험을 좋게 만들었던 사례가 있다면?				
역량	– 고객이 식사에 불만을 표출했을 때 어떻게 해야 하나? – 음식이 너무 안 나와 고객이 불만을 표출했을 때 어떻게 해야 하나? – 당신이 준비한 음식에 대해 고객으로부터 부정적 피드백을 받았을 때는 어떻게?				

신뢰감/ 책임감	– 실수한 경우가 있는지? 그 실수가 무엇이며 어떻게 해결했는지? 배운 점은 무엇인지? – 지각이나 결근 경험이 있는지? 어떻게 했는지?					
스트레스에 대한 내성	– 스트레스를 받아 평정심을 잃어 좌절한 상황이 있었는지? 그 상황을 처리하기 위해 무엇을 했는지? 그것으로부터 배운 것이 무엇인지?					
팀워크/협력	– 근무시간이 끝나 갈 무렵 동료가 업무 이외 의 것을 해달라고 요청할 때 어떻게 응대할 것 인지? – 동료와 의견 차이 발생한 경험과, 그 상황을 어떻게 처리했는지?					
커뮤니케이션	– 동료에게 업무를 가르친 경험과, 그들이 이해 했는지를 어떻게 확인하는지?					
롤플레이	• 주방 지원자 시나리오 **사례)** 바쁜 저녁 고객들이 서버에게 음식이 제공 되지 않는 것에 불만을 제기하는데, 이럴 때 어떻 게 반응할 것인지 보여줘요. [Key Point] 지원하는 태도, 더 하려는 의지, 팀 중심의 접근 방식 등 체크					
	• 홀 지원자 시나리오 **사례)** 한 직원이 담당 섹션에서 서비스하느라 엄청 바쁘다. 이 상황을 어떻게 처리할지 보여줘요. [Key Point] 고객에게 미치는 영향 이해, 무언 가 더 하려는 의지 등 체크					

▷ 위의 질문과 롤플레이를 통해 지원자의 평점을 정리한 후 채용 여부를 판단한다.

22~28점 매우 적합하므로 채용

19~21점 신중히 검토(점포 상황에 따라 판단)

7~18점 탈락

직원채용이 중요한 것은 '직원 수준_{직원의 역량+인상+성격+옷차림+태도+말투 등} = 점포 수준'으로 평가받기 때문이다. 그래서 우수한 직원을 뽑아야 하는 것이다.

처음 오픈할 때부터 깨끗한 환경에 위생적이고 맛있는 메뉴, 그리고 점주의 인간적이고 합리적인 품성을 보여 준다면 직원들도 자랑스러워하여 추가 채용 시에는 지인이나 친구들을 추천할 것이다. 그렇게 되면 바이럴을 통해 자연스럽게 매출도 늘어나고, 이직률도 낮아져 안정적인 품질과 서비스를 유지할 수 있다.

'상권정보시스템'의
상권분석 주요 내용

 소상공인시장진흥공단의 상권정보시스템 sg.sbiz.or.kr/godo/index. sg에서 알 수 있는 상권 정보를 정리한 내용이다. 반드시 로그인을 통해 접근할 수 있다. 음식 업종을 선택하면 '한식', '중식', '일식', '서양식', '동남아시아식', '기타 외국식', '구내식당/뷔페', '기타 간이', '주점', '비알코올카페' 10종으로 분류되어 있으며, 상권을 알고 싶으면 창업하고자 하는 지역과 업종을 선택하여 상권분석 자료를 보면 된다.

가. 최근 13개월간 월별 업소 수 추이를 전국, 서울, 분석영역조사지역 등으로 구분하여 볼 수 있음. 업소 수가 증가 추세이면 경기 상황이 좋아진다거나 업종에 대한 시장 선호도가 높다는 의미

나. 업력 현황은 1년 미만, 1~2년, 2~3년, 3~5년, 5년 이상으로 5단계로 구분되어 구성비율로 표시되어 있음. 공단이 보유한 상가업소 데이터를 기반으로 반기별로 제공되며, 소상공인의 창업/폐업을 의미하진 않음.

다. 업소당 월평균 매출액 추이를 최근 13개월간 월별 전국, 서울, 분석영역 등으로 구분하여 볼 수 있음.

라. 업소당 월평균 매출건수 추이를 최근 13개월간 월별 전국, 서울, 분석영역 등으로 구분하여 볼 수 있음.

마. 매출 특성 분석으로 요일별원~일, 주중/주말별, 성별남성/여성, 연령대별10대/20대/30대/40대/50대/60대이상, 시간대별00~06시, 06~11시, 11~14시, 14~17시, 17~21시, 21~24시로 매출액과 매출건수를 볼 수 있음. 참고로 주말과 주중 매출 차이가 크지 않은 상권이 더 좋은 상권임. 주말에 매출이 나쁘면 토·일 중 하루 쉬는 것도 나쁘지 않음. 매출액은 카드사 가맹점 매출 기준으로 추정된 정보로서 참고 자료로만 활용하기 바람.

바. 인구 분석으로 분석영역의 최근 13개월간 월별 일평균 유동인구 추이와 성별, 연령대별, 주중/주말별, 요일별, 시간대별 일평균 유동인구 수를 볼 수 있음. 유동인구는 상권분석에 있어 매우 중요하며, 구매력과 연결되어 사업계획 수립에 도움이 된다. 유동인구는 통신사 휴대전화 통화량을 바탕을 수집된 정보를 근거로 함.

사. 분석영역의 주거인구 추이를 반기별로 볼 수 있음. 성별, 연령대별로도 가능함.

아. 분석영역 내 동별로 주거인구별, 성별, 연령대별 소득액과 소비액을 반기별 볼 수 있음. 주거인구는 해당 상권의 잠재적 구매력을 평가할 수 있는 지표이며, 자신이 하고자 하는 비즈니스와 맞는 고객의 성별, 연령대가 많은 상권에서 영업하는 것이 유리하다. 창업 및 업종전환을 고려한다면 좋은 자료가 될 수 있음.

자. 분석영역의 직장인구 추이를 반기별로 볼 수 있음. 성별, 연령대별로도 가능함.

차. 분석영역 내 동별로 직장인구별, 성별, 연령대별 소득액과 소비액을 반기별로 볼 수 있음. 직장인구는 해당 상권의 잠재적 구매력을 평가할 수 있는 지표로 직장인구가 많을수록 주중에 안정적인 매출을 기대할 수 있다. 직장인구의 성별과 연령대를 고려한 전략적 마케팅이 가능하다.

카. 분석영역의 주거형태, 주요시설, 학교시설, 교통시설 등을 확인할 수 있다. 그리고 반기별 세대수 추이도 볼 수 있다. 세대수 데이터는 행안부의 행정상 세대수를 의미하며 상품이나 서비스가 개인 단위가 아닌 세대 단위로 이루어지는 사업에는 도움이 될 것이다. 주요 집객시설 정보는 유동인구의 규모와 성격을 파악하는 데 유익하다. 학생 대상 업종 창업 시 학생들의

주요 이동동선을 파악한다면 유익한 입지정보를 얻을 수 있다.

타. 분석영역의 공동주택 수 추이를 반기별로 볼 수 있고, 아파트 동수와 호수 그리고 단지규모별, 면적별 현황도 알 수 있음. 공동주택 정보는 국토부의 아파트, 빌라, 주거용오피스텔 데이터임. 아파트 면적은 소득과 가구 구성 형태를 추정할 수 있는 자료이며, 소득수준은 객단가와 관계가 있으니 배후 세대의 소득수준에 따른 세부 아이템 선정에 활용할 수 있음.

파. 분석영역 내 교통시설 현황 중 지하철 일평균 승하차 인원을 연도별로 알 수 있음. 지하철역 수와 버스정류장 수도 볼 수 있는데, 이는 상권으로 유동인구가 퍼져 나가는 출발점이자 모이는 종착점으로 유동인구 유발의 핵심이다. 지도상에서 지하철역과 버스정류장에서 출발하여 주거지와 직장, 주요 집객시설까지를 잇는 선을 그어 보면 유동인구의 주된 동선을 파악할 수 있다.

이상에서 대략의 자료와 그에 따른 의미를 정리했는데, 중요한 것은 창업하고자 하는 본인이 직접 사이트에 들어가 공부하면서 자료를 정리하고 분석해야 한다는 것이다. 그리고 그 자료를 근거로 현장에서 확인하며, 동선을 그려 보아야 100% 자기 것이 되고 머릿속에 들어온다. 쉽게 얻고자 하면 망하고 힘들게 얻고자 하면 성공한다는 것을 기억하자.

외식창업 시 한 번 정도 읽어봐야 할 책

《식당부자들》(이상미디어)
　"비정한 장사의 세계에서 살아남기"

《외식업 생존의 법칙》(이상미디어)
　"벼랑 끝 외식업, 위기 극복 긴급 매뉴얼"

《백종원의 장사 이야기》(서울문화사)
　"백종원만의 식당 창업과 운영, 그 숨겨진 노하우"

《(장사의 신 김유진의) 장사, 이제는 콘텐츠다》(쌤앤파커스)
　"고객은 다 압니다. 그래서 우리는 다 합니다!"

《외식업 승자의 조건》(에프알엠에스)
　"최저임금 쇼크"

《왜 유독 그 가게만 잘될까》(다산북스)
　"줄 서는 가게에 숨겨진 서비스와 공간의 비밀"

《줄 서서 먹는 식당의 비밀》(이상미디어)
　"대기업과 맞짱 떠서 이길 수 있는 장사는 식당밖에 없다"

《외식 경영 노하우》(형설출판사)
　"매뉴얼로 경영하라"

《나는 장사의 신이다》(떠오름)
　"일단 돈을 진짜 많이 벌어봐라 세상이 달라진다!"

《장사는 전략이다 RED》(도서담)
　"전략 없는 장사의 끝은 폐업이다. 살아남고 싶다면 전략을 장전하라!"

참고자료

〈상권과 적합한 프랜차이즈 아이템〉 창업&프랜차이즈, 2016년 2월
〈성공적 프랜차이즈 창업을 위한 조건〉 창업&프랜차이즈, 2017년 9월
〈주방장만 믿고 식당 창업, 절대로 오래갈 수 없다 왜?〉 중앙일보, 2019년 10월
〈시니어창업을 말하다〉 창업&프랜차이즈, 2020년 1월
〈뿌리 깊은 프랜차이즈 기업〉 창업&프랜차이즈, 2021년 8월
〈프랜차이즈창업 상권 분석에서 가장 중요한 덕목 3가지〉 창업&프랜차이즈, 2022년 3월
〈상권 분석? 우리 가게 손님, 어디에서 오는가부터 살펴라〉 신동아, 2022년 8월
〈한국인의 진한 커피사랑…지난해 수입액 10억달러 첫 돌파〉 아시아경제, 2023년 1월
〈프랜차이즈 가맹점 창업, 따질 것은 따져야 한다〉 스포츠경향, 2023년 2월
〈장사 안되는데 점포만 우후죽순… 코로나19가 불러온 프랜차이즈 '치킨게임'〉 경향신문,
2023년 3월
〈은퇴 임박한 5060, 순자산 3억 모았으면 평균…상위 10%는?〉 조선일보, 2023년 3월
〈"여기 계산요" 사라진다, 이젠 고깃집서도 셀프결제〉 조선일보, 2023년 4월
〈빚 낸 자영업자 80%, 올해도 못 갚는다〉 서울경제, 2023년 5월
〈개인사업자 vs 법인사업자, 어느 것이 더 유리할까〉 이데일리, 2023년 7월
〈심층기획 - 벼랑 끝 몰린 자영업자〉 세계일보, 2023년 8월
〈"연금만으론 살기 팍팍"… 10년 후 늙은 대한민국에 닥칠 일[왕개미연구소]〉 조선일보,
2023년 9월
소상공인시장진흥공단 상권정보
미국 컨설턴트가 알려주는 음식점 마케팅의 3단계
백전백승의 신화를 만드는 상권과 입지 분석 방법
프랜차이즈 선택시 체크 포인트 10
조현기 《골목식당 전쟁》 스마트북스 2020년
권혜령 《K-Health를 이끄는 슬기로운 건강검진》 예미 2023년

서 작가 2014년 작품

큰 성공은 작은 성공을 거듭한 결과다.

크리스토퍼 몰리|Christopher Morley

창업 전 반드시 자신에게 던져야 할 질문

나는 외식창업에 적합한 사람인가?

초판 1쇄 발행 2023년 11월 10일
초판 2쇄 발행 2023년 11월 15일

지은이   김상진
발행처   예미
발행인   황부현
편 집   김정연
디자인   김민정

출판등록   2018년 5월 10일(제2018-000084호)

주소   경기도 고양시 일산서구 중앙로 1568 하성프라자 601호
전화   031)917-7279   **팩스** 031)918-3088
전자우편   yemmibooks@naver.com
홈페이지   www.yemmibooks.com

ⓒ김상진, 2023

ISBN 979-11-92907-24-6   03320